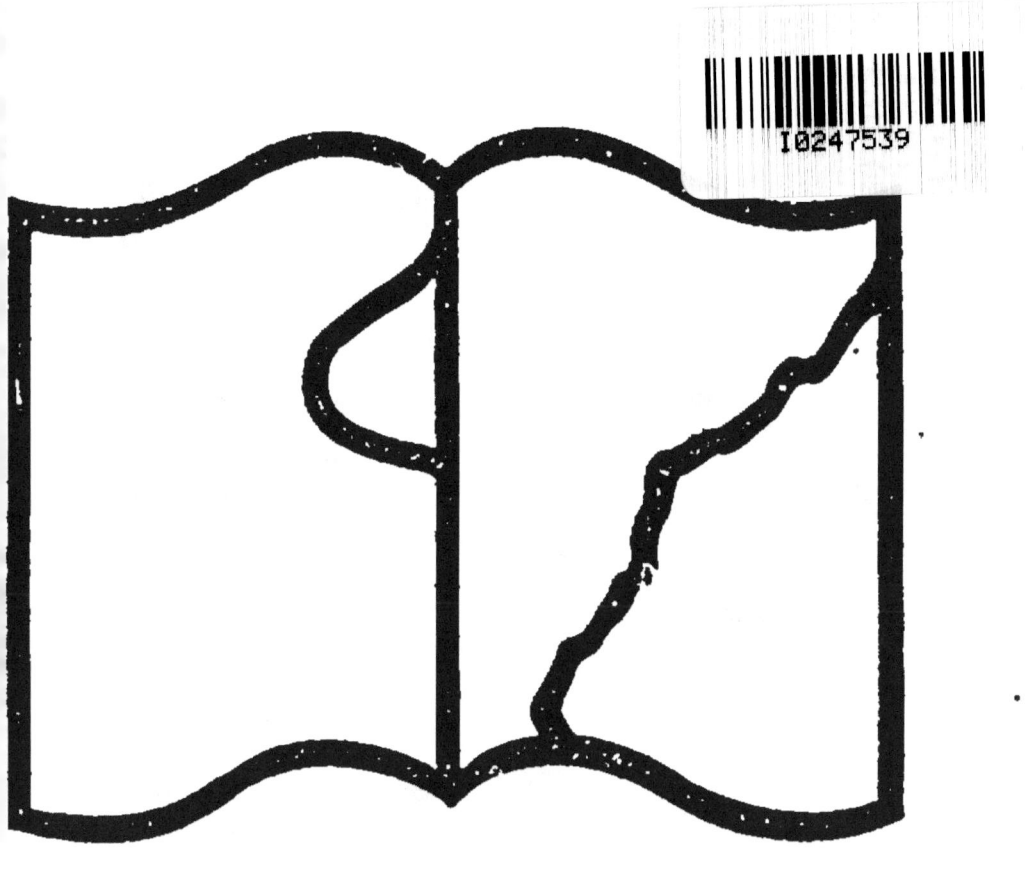

Texte détérioré — reliure défectueuse

NF Z 43-120-11

ALABLE POUR TOUT OU PARTIE DU
OCUMENT REPRODUIT

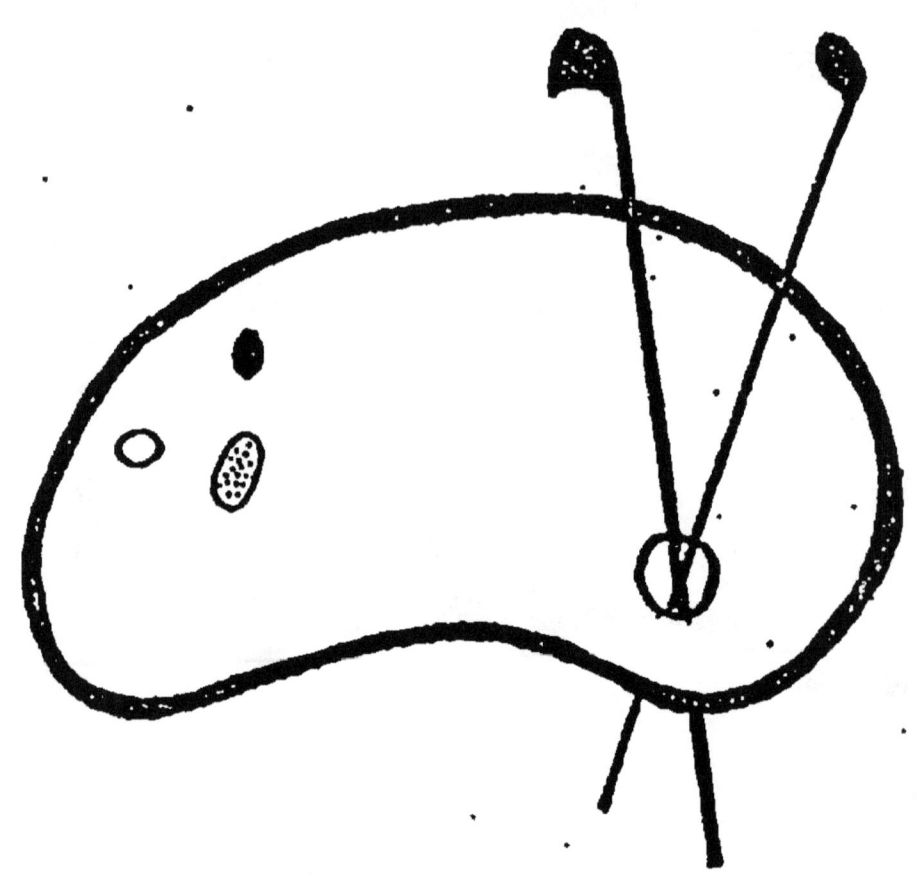

DEBUT D'UNE SERIE DE DOCUMENTS EN COULEUR

Max. NICOL

Chanoine honoraire

✠

SAINTE-ANNE
D'AURAY

4ᵐᵉ ÉDITION

ILLUSTRÉE DE NEUF GRAVURES

SAINTE-ANNE
AU MAGASIN DU PÈLERINAGE

MDCCCLXXXVII

VANNES IMPRIMERIE EUGÈNE LAFOLYE

2, PLACE DES LICES, 2

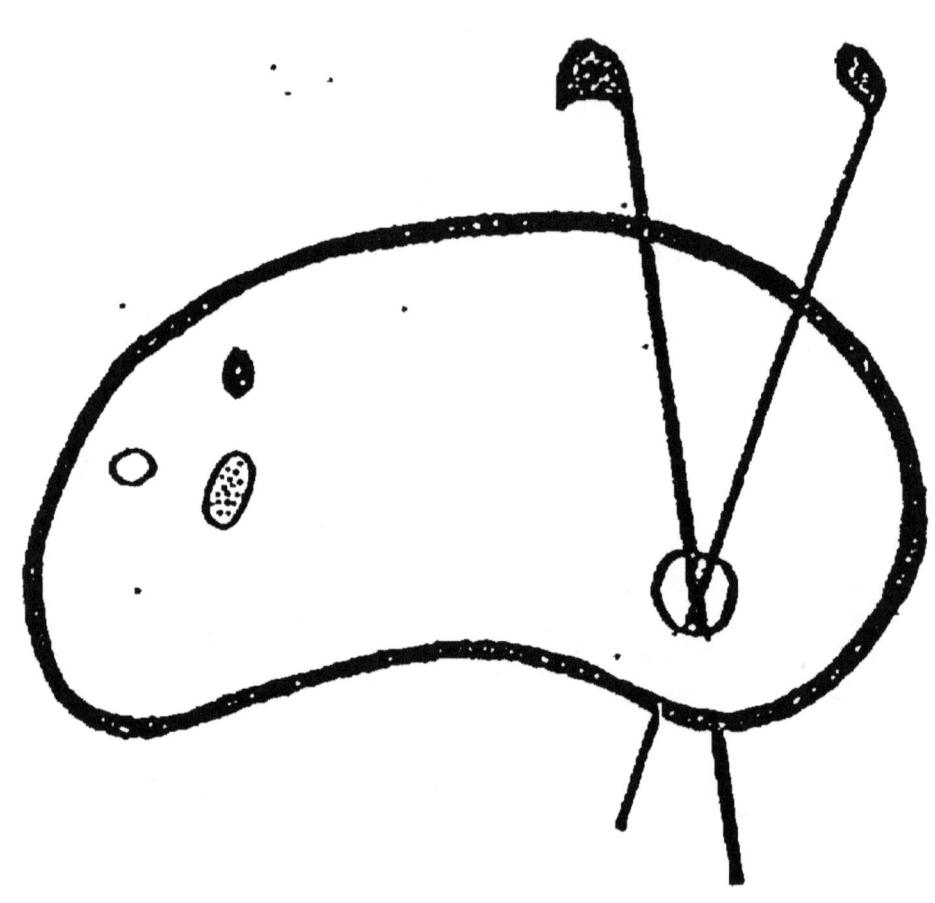

FIN D'UNE SERIE DE DOCUMENTS EN COULEUR

SAINTE-ANNE

D'AURAY

DÉCLARATION DE L'AUTEUR.

Enfant soumis de la sainte Eglise catholique, apostolique et romaine, je condamne et rétracte d'avance tout ce qu'elle trouverait dans cet ouvrage de contraire à sa discipline et à sa foi. J'adhère formellement aux bulles d'Urbain VIII, du 13 mars 1625 et du 15 juillet 1635, et je déclare ne pas donner aux faits contenus dans cet écrit plus d'autorité que ne leur en reconnaissent mes supérieurs ecclésiastiques

MAX. NICOL.

Basilique de sainte Anne.

Max. NICOL

Chanoine honoraire

☦

SAINTE-ANNE
D'AURAY

4ᵍˢ ÉDITION

CONSIDÉRABLEMENT AUGMENTÉE

SAINTE-ANNE
AU MAGASIN DU PÈLERINAGE

MDCCCLXXXVII

LETTRE

DE

N. S. PÈRE LE PAPE LÉON XIII

A L'AUTEUR

« Bien-aimé fils, salut et bénédiction apostolique.

« Nous avons reçu avec joie et gratitude votre livre intitulé : *Histoire du Pèlerinage de Sa nt - Anne d'Auray*, que vous Nous avez fait offrir, avec une lettre pleine de soumission, par Notre vénérable frère l'Evêque de Vannes. Le titre même de l'ouvrage et les quelques pages que Nous en avons parcourues Nous ont montré votre but, et Nous sommes heureux que vous ayez consacré votre zèle et vos travaux à développer le culte qui fait la gloire de cette insigne église du pays d'Auray, célèbre par la piété et le concours des Français en général et spécialement des Bretons.

» Cela Nous a été agréable, et parce que Nous avons une dévotion particulière pour la sainte Mère de la mère de Dieu, et parce que Nous esférons que votre livre contribuera grandement à propager et à développer de jour en jour le culte rendu à cette céleste Patronne, et à faire descendre, par ses suffrages, des grâces de jour en jour plus grandes sur ceux qui l'honoreront.

» Dans cet espoir, en témoignage de notre paternelle affection, Nous vous accordons dans le Seigneur, avec beaucoup d'amour, bien-aimé fils, la bénédiction apostolique.

» Donné à Rome, près Saint-Pierre, le 30 octobre de l'année 1878, de Notre pontificat la première.

« LÉON XIII, Pape. »

LETTRE

DE

MONSEIGNEUR L'EVÊQUE DE VANNES

Cauterets, 16 juillet 1876.

Mon cher Abbé,

Je vous félicite sincèrement et vous remercie de tout cœur d'avoir consacré à glorifier sainte Anne et à faire mieux connaître son sanctuaire de prédilection les rares loisirs que vous laissent les importantes fonctions du professorat.

Vous écrivez, en prose comme en vers, avec une distinction qui vous a valu, d'ailleurs, d'honorables suffrages. La méthode et le goût qui caractérisent vos publications sont de nature à faire apprécier les leçons que vous donnez à vos élèves.

J'aime la division que vous avez adoptée pour l'opuscule dont j'ai lu avec tant d'intérêt et d'édification les différentes parties : LA STATUE, LA CHAPELLE, LA BASILIQUE, LES FAVEURS. Autour de ces quatre titres généraux vous avez su grouper les principaux faits qui se rattachent à notre célèbre pèlerinage. Le sommaire de chaque chapitre pique la curiosité et fixe l'attention ; votre récit est net, vif, dégagé des détails inutiles et souvent risqués qui entachent la plupart des productions de ce genre.

..... Vos lecteurs se feront une idée exacte de la dévotion dont sainte Anne est l'objet, depuis des siècles, dans notre cher diocèse. La perpétuité et le développement de ce culte inné chez tous les Bretons nous honorent et nous protègent. Vous aurez contribué, mon cher Abbé, à ranimer au milieu de nous cette flamme vivifiante et à en propager l'éclat au dehors.

D'autres que moi remarqueront le rapprochement très naturel que vous avez ménagé entre les voies et moyens auxquels on a recouru pour la construction de l'ancienne chapelle et de la nouvelle église. A deux siècles de distance, notre puissante Patronne s'est choisi deux ouvriers industrieux et zélés, qui ont plusieurs points de ressemblance. De son temps, Mgr de Rosmadec, un de mes vénérables prédécesseurs, finit par rendre justice à l'humble et persévérant Nicolazic, après l'avoir prudemment soumis à de rudes épreuves. A mon tour, j'ai douté du succès des démarches multipliées et pénibles de M. le chanoine Guillouzo, tout en reconnaissant la droiture de ses intentions et le mérite de ses efforts. — Je ne lui ai pas ménagé depuis ma confiance et mes actions de grâces.

..... Sainte Anne, si mes vœux sont exaucés, se chargera d'acquitter les dettes que je contracte chaque jour, envers tous, pour décorer sa Maison, après l'avoir agrandie.

Agréez, mon cher Abbé, l'assurance de mon paternel attachement.

† JEAN-MARIE, *Év. de Vannes.*

PREFACE

Dans cet ouvrage, nous avons voulu mettre en relief l'action puissante de sainte Anne, choisissant un peuple pour en faire son peuple, prenant un laboureur pour exécuter ses desseins, et continuant, pendant plusieurs siècles, à développer au milieu de nous cette dévotion dont nous contemplons aujourd'hui les magnificences.

Nous avons groupé autour de quatre titres généraux tous les faits qui composent cette histoire.

La Statue nous rappelle les apparitions de sainte Anne, les épreuves du bon Nicolazic et le commencement du triomphe.

Avec la Chapelle, les Carmes fondent leur monastère, les pèlerins affluent, et nous arrivons à l'époque actuelle, en passant par la période sinistre de la Révolution française.

La Basilique résume l'histoire contemporaine. Le culte de sainte Anne rayonne partout, de ce centre qu'elle s'est choisi; les foules se pressent à ses pieds; les populations concourent avec enthousiasme à l'érection du monument, chef-d'œuvre de l'art et de la charité.

Les Faveurs montrent les liens intimes qui unissent les enfants à la mère, ceux qui souffrent sur la terre à celle qui les bénit du haut du ciel.

Sous forme d'appendice, nous avons ajouté à ce récit une description du *trésor* de la Basilique, l'histoire des lieux célèbres qui l'entourent, et des prières à l'usage des pèlerins.

Deux ouvrages surtout nous ont guidé dans le récit de la fondation du pèlerinage : *Les Grandeurs de sainte Anne,* par le P. Hugues de Saint-François, premier prieur du couvent établi près du sanctuaire, contemporain et ami de Nicolazic ; et *La Gloire de sainte Anne,* par un Père de la Compagnie de Jésus, qui, lui aussi, interrogea souvent le bon laboureur.

Plusieurs autres documents, fournis par les Bollandistes, dom Lobineau, etc... sont venus ajouter au récit des vieux auteurs le poids de leur autorité. Pour l'histoire du pèlerinage pendant la Révolution, les archives de l'évêché et surtout celles du département nous ont donné une foule de détails inédits.

Quant à la période contemporaine, nous avions nos souvenirs et les nombreux articles que nous avons consacrés à nos solennités dans la *Semaine Religieuse de Vannes.*

Sainte Anne a daigné bénir ce petit ouvrage entrepris pour la faire aimer. Puisse-t-il, en se répandant de plus en plus, nous aider à atteindre le double but que nous nous sommes proposé : le bien des âmes et la gloire de Dieu !

PREMIÈRE PARTIE

LA STATUE

I

KERANNA

Le village. — Souvenirs. — Un évêque du VIIe **siècle.
— Les ruines. — Le champ du Bocenno. — Un
héros breton. — Sainte Anne d'Armor.**

Keranna n'était qu'un pauvre village, quand sainte Anne
le choisit pour y manifester sa gloire. Autour des chaumières, sur le bord des landes où paissaient les troupeaux,
s'étendaient des prairies et des champs de blé, où travaillaient les laboureurs. Dans cette solitude, ils vivaient tranquilles, et, n'ayant d'autre horizon que le clocher de leur
église, ils se contentaient de cultiver la terre et de prier
Dieu.

Cependant ces hommes simples gardaient dans leur cœur
un précieux souvenir.

Pendant les longues veillées d'hiver, lorsque le conteur
faisait revivre les vieilles légendes et les traditions primitives, ils mêlaient souvent au nom des héros et des saints
de Bretagne le nom béni de sainte Anne, la protectrice de
leurs pères, la gardienne de leur pauvre hameau.

Les Bretons ont la mémoire du cœur.

Quand leur pays vit la croix des missionnaires couronner les grandes pierres des Druides ; quand la fierté bretonne, s'inclinant devant l'autel de Jésus, couvrit de temples chrétiens nos forêts et nos grèves, sainte Anne ne fut pas oubliée.

Dès les premiers siècles, la Bretagne baptisée honora l'aïeule de l'Homme-Dieu : l'humble chapelle de Keranna fut peut-être le premier hommage qu'elle reçut de l'Occident devenu chrétien.

Une croyance, très répandue aujourd'hui, en attribue la construction à saint Mériadec, évêque de Vannes, au VIIe siècle. Depuis longtemps déjà la Bretagne était chrétienne. Après saint Clair, saint Patern et les premiers missionnaires, d'autres apôtres avaient cultivé ce sol rude mais fécond ; les évêchés étaient fondés, les églises se remplissaient de fidèles, et les pèlerins ne craignaient pas d'affronter les fatigues d'un long voyage, pour aller vénérer les lieux sanctifiés par la présence du Sauveur.

Est-ce un de ces pieux voyageurs qui implanta dans notre pays la dévotion à sainte Anne ? On ne sait ; mais il est certain qu'un sanctuaire fut élevé en son honneur, et il semble qu'en dédiant une chapelle à saint Mériadec, dans un village voisin de ce sanctuaire, nos ancêtres aient voulu rapprocher de l'antique pèlerinage le souvenir de celui qui l'a fondé[1].

A la fin du VIIe siècle, le sanctuaire disparut. Peut-être fut-il renversé par quelqu'une de ces hordes dévastatrices qui parcouraient alors la Bretagne. Les ruines en

---

[1] La chapelle de Saint-Mériadec est située sur la route de Vannes, à quatre kilomètres de Sainte-Anne.

s'amoncelant, abritèrent l'image de la Sainte, que dédaignait sans doute l'avidité des envahisseurs.

La chapelle fut détruite ; mais le nom du village (Ker-Anna, village d'Anne) et d'antiques traditions, transmises d'âge en âge, contribuèrent à conserver le souvenir du passé.

Dans le champ du Bocenno, qui touchait aux chaumières, au milieu des sillons que creusait la charrue du laboureur, se trouvait un petit espace que le soc devait respecter[1]. Plusieurs fois on avait essayé d'y faire passer les bœufs : toujours ils reculaient effrayés et comme repoussés par une force invisible. C'est là que s'élevait la chapelle des premiers âges.

Sainte Anne y affirmait ses droits : les habitants, se rappelant le passé et pressentant peut-être les merveilles de l'avenir, reconnaissaient pieusement son souverain domaine. Aussi disaient-ils à ceux qui labouraient le champ : « Prenez garde à l'endroit de la chapelle[2]. »

Il ne faudrait pas croire que le culte de sainte Anne ne se fût maintenu que dans ce village perdu de la Bretagne. Pendant les neuf siècles qui séparent la destruction du sanctuaire de Keranna des événements que nous allons raconter, elle eut, même hors du pays de Vannes, de dévots serviteurs.

Nous en trouvons une preuve touchante dans deux fragments d'une épopée nationale, qui raconte les exploits de Morvan Lez-Breiz, *le soutien de la Bretagne*[3].

Ecoutons le héros qui va combattre un chevalier du roi :
— « O sainte Anne, dame bénie, je vins bien jeune vous

---

[1] On le cultivait néanmoins, sans se servir de la charrue.
[2] *Gloire de sainte Anne*, chap. I.
[3] H. de la Villemarqué, Barzaz-Breiz, p. 79.

rendre visite ; je n'avais pas vingt ans encore et j'avais été à vingt combats, que nous avons gagnés tous par votre assistance, ô dame bénie. Si je retourne au pays, mère sainte Anne, je vous ferai un présent... et j'irai trois fois, à genoux, puiser de l'eau pour votre bénitier. »

— « Va au combat, va, chevalier Lez-Breiz ; j'y vais avec toi. »

Plus tard, quand il est vainqueur, il accomplit son vœu et s'écrie en pleurant : « Grâces vous soient rendues, ô mère sainte Anne : c'est vous qui avez gagné cette victoire ! »

Enfin, le guerrier, vaincu à son tour, est ressuscité par un ermite et condamné à une longue pénitence. « Au bout de sept années, quiconque l'eût vu ne l'eût pas reconnu. Il ne le fut que par une dame vêtue de blanc, qui passait sous le bois vert. Elle le regarda et se mit à pleurer ·

— « Lez-Breiz, mon cher fils, est-ce bien toi ? Viens ici, mon pauvre enfant, que je coupe ta chaine ; viens, je suis ta mère, sainte Anne d'Armor. »

N'est-elle pas touchante cette scène où éclatent la tendresse maternelle de la Sainte et l'amour confiant du guerrier ?

Sans doute, la légende n'est que la poésie de l'histoire ; mais, laissant de côté la vérité de ces fragments poétiques, où l'imagination se donne libre carrière, nous voyons que le culte de notre Patronne s'est répandu dans la Bretagne, reliant ainsi le passé aux événements dont le XVIIe siècle et le nôtre ont été les témoins.

L'action de sainte Anne va s'affirmer avec plus d'éclat ; la Bretagne va devenir sa conquête, d'une manière plus complète encore, grâce aux merveilles qu'accomplira sur cette terre choisie sa puissante intercession.

II

LE BON NICOLAZIC

Les instruments de Dieu. — Un fermier de Keranna.
— Piété de Nicolazic. — La bonne maîtresse. —
Attrait mystérieux. — Portrait.

L'histoire nous montre souvent d'une manière admirable les merveilles des voies de Dieu. Au lieu de choisir, pour accomplir ses desseins, des hommes que leur position et leurs talents semblent prédestiner aux grandes choses, il aime à déconcerter nos calculs et à étonner le monde par l'imprévu des moyens qu'il emploie.

C'est dans une chaumière qu'il choisira son élu.

Qu'il s'agisse de régénérer la terre, de sauver un peuple, de faire jaillir dans un pays inconnu une de ces sources de grâces où se manifeste la puissance d'un saint, il tirera de la foule douze pêcheurs, une bergère, des enfants, un laboureur. Ils parleront, et le monde les croira ; ils commanderont, et le monde leur obéira. C'est que, derrière ces instruments, inconscients parfois de l'œuvre qu'ils accomplissent, il y a la main de Dieu qui les pousse, entrainant à leur suite les populations subjuguées par les faits merveilleux qui confirment leur parole.

Ce que nous allons raconter n'est encore que l'histoire d'un pauvre paysan ; mais ce paysan s'appelait Yves Nicolazic. Pour nous, son nom est glorieux : tant que les pèlerins de sainte Anne viendront user les dalles de son sanctuaire, nous garderons dans nos cœurs le souvenir de l'homme de bien qui accomplit, avec elle et par elle, les merveilles dont nous contemplons le magnifique épanouissement.

Nicolazic habitait, à Keranna, une modeste chaumière avec sa sœur Yvonnette et sa femme, Guillemette Leroux[1] ; il n'avait point d'enfants. Parmi les habitants du village qu'il aimait de préférence, nous verrons reparaître, dans le cours de ce récit, Lézulit son voisin, Louis Leroux son beau-frère et Dom Yves Richard, prêtre de Keranna, qu'il appelait son bon ami.

Il n'avait pour vivre qu'une petite ferme appartenant à la famille Cadio de Kerloguen ; mais il était de ces âmes fortes auxquelles la pauvreté est douce : satisfait de son humble fortune, il menait une existence paisible, aimant les pauvres, ne portant pas envie aux riches, et ignorant encore les grandes destinées qui l'attendaient.

C'était un vrai Breton ; c'est dire qu'il était bon chrétien Son âme droite et probe détestait l'injustice ; l'habitude de faire le bien lui donnait des lumières que reconnaissaient ses compatriotes. S'élevait-il entre eux quelque différend, ils le prenaient pour arbitre, et sa sagesse chré-

---

[1] On montre encore, à Sainte-Anne, la maison qu'habitait Nicolazic ; nous ne savons si, depuis le XVII° siècle, elle a été restaurée ou rebâtie.

tienne mettait les parties d'accord, sans autre profit pour lui-même que d'avoir fait une bonne action[1].

Cette charité pour ses frères, il l'étendait aux âmes du Purgatoire : les membres souffrants de l'Église avaient une large part à ses prières.

Comment s'étonner, après cela, qu'il eût une tendre dévotion pour la Mère de ceux qui pleurent ? La sainte Vierge attirait cette âme ; dans la tristesse comme dans la joie, il prenait son chapelet pour s'entretenir avec elle. Dès sa plus tendre enfance, il priait Marie ; avec Marie, il priait sainte Anne, qu'il nommait sa *bonne maîtresse* ; par ses prières quotidiennes, il se préparait, pour ainsi dire, aux entretiens merveilleux qu'il aurait plus tard avec elle.

En 1623, un phénomène étrange se passa dans son âme. Sa dévotion pour sainte Anne n'était plus seulement cet attrait qui le portait à la prier chaque jour ; c'était un sentiment plus ardent et plus vif : son amour grandissait. En le faisant monter jusqu'à elle par la prière et par la charité, sa céleste protectrice semblait lui dire qu'elle le choisirait pour manifester sa puissance[2].

Pourtant Nicolazic se livrait à ses occupations ordinaires. Ce n'était qu'un simple laboureur ; mais son âme se transformait peu à peu sous l'action mystérieuse du Ciel. La paix de son cœur se reflétait sur sa figure, ascétique sans rigidité ; des cheveux courts encadraient son front élevé où les soucis n'avaient pas mis de rides ; son regard, intelligent et doux, inspirait la confiance, et, dans toute sa physionomie, se révélait un mélange de force et de douceur, où revivait la mâle énergie du Breton, adoucie et comme tempérée par les vertus du chrétien.

[1] *La Gloire de sainte Anne*, ch. III.
[2] *La Gloire de sainte Anne*, ch. III.

III

PREMIERS PRODIGES

Le flambeau mystérieux. — Un soir d'été. — La dame
de la fontaine. — Aujourd'hui. — Conseils du
P. Modeste. — La dame reparaît. — Clartés et
concerts.

On était au mois d'août 1623. La ferveur du bon
Nicolazic croissait toujours : continuellement occupé de
sainte Anne, il eût voulu sans doute faire quelque chose
pour sa gloire. C'était un avertissement du Ciel : le moment marqué par Dieu approchait.

Une nuit, qu'il reposait en sa maison, sa chambre fut
soudain remplie d'une clarté extraordinaire, que répandait
un flambeau de cire tenu par une main mystérieuse. La
lumière ne brilla que quelques instants, l'espace de deux
Pater et deux *Ave*, disait-il lui-même, et tout disparut.
Mais le prodige se renouvela plusieurs fois : souvent, à son
réveil, il apercevait le flambeau ; souvent aussi, quand il
revenait tard à la maison, la même lumière marchant à ses

côtés, *sans que le vent en agitât la flamme*[1], l'accompagnait jusqu'à son logis.

Étonné de ces prodiges, le bon laboureur priait et disposait son âme dans le silence à de plus grandes faveurs.

Près de son champ du Bocenno, se trouvait une prairie où il laissait paître ses bestiaux, et une fontaine où il les menait boire. Or, par un soir d'été, une heure environ après le coucher du soleil, son beau-frère Leroux et lui, étant allés dans cette prairie, à *l'insu l'un de l'autre*[1], pour ramener leurs bœufs, se disposaient à les conduire à la source, lorsqu'une lumière éblouissante épouvanta les animaux, qui refusèrent d'avancer. Les deux paysans levèrent les yeux et aperçurent une dame, pleine de majesté, vêtue d'une robe plus blanche que la neige, qui était tournée vers la fontaine.

Effrayés à cette vue, ils prirent la fuite, sans oser contempler la rayonnante apparition ; puis, s'étant rassurés l'un l'autre, ils revinrent ensemble, au bout de quelques instants. La source coulait paisiblement dans l'ombre, mais la lumière s'était évanouie et la dame avait disparu.

La source autrefois ignorée coule toujours ; c'est aujourd'hui une fontaine monumentale, dont l'eau s'épanche dans trois bassins de granit. L'infirme y trouve souvent la force et le malade la santé : la dame au blanc vêtement y fait encore sentir sa présence à ceux qui savent voir les choses du ciel.

Nicolazic n'était qu'un paysan, sans science humaine, parlant à Dieu dans son langage breton, mais lui parlant avec son cœur. Grâce à sa foi éclairée, il n'était point superstitieux. Étonné néanmoins de ce qu'il avait vu, il

---

[1] *Grandeurs de sainte Anne*, p. 180.

priait avec ferveur, ne pouvant comprendre ce que signifiait cette vision. C'était peut-être, se disait-il, l'âme de sa mère qui lui demandait d'intercéder pour son repos : il l'avait perdue quelque temps auparavant.

Pour mettre un terme à ses incertitudes, il résolut de tout révéler au P. Modeste, capucin du couvent d'Auray. Le bon religieux lui conseilla « *de faire dire des messes et des services pour le repos de l'âme de sa mère, et d'être soigneux de se conserver en la grâce de Dieu, tant pour connaître sa volonté, que pour se préserver des tromperies du démon*[1]. »

Nicolazic obéit à ces sages conseils et Dieu le récompensa de sa docilité par de nouvelles faveurs. La dame de la fontaine revint le visiter, tantôt près de la source, « tantôt près de sa maison, quelquefois même dans sa grange et en d'autres endroits[2]. »

Il ne craignait plus de la regarder.

Debout sur un nuage, un flambeau à la main, elle se tenait devant lui, majestueuse et douce, enveloppée dans les plis de son vêtement lumineux[3]. D'autres fois, le champ du Bocenno était rempli de clartés extraordinaires qui se projetaient jusqu'au village, et souvent Nicolazic entendit, sur l'emplacement de l'ancienne chapelle, des chants mélodieux qui le ravissaient.

Dieu semblait marquer ce coin de terre par des prodiges, comme pour annoncer qu'il serait tiré de l'oubli, que le passé allait revivre plus glorieux.

Soumis à la volonté du Ciel, Nicolazic attendait.

[1] *Grandeurs de sainte Anne*, p. 181.
[2] *Gloire de sainte Anne*, ch. III.
[3] *Acta sanctorum*, t. VI, p. 249.

IV

SAINTE ANNE

La route d'Auray. — Devant la croix. — La dame parle à Nicolazic. — Bruit d'une grande foule. — Paroles de sainte Anne. — Une date mémorable.

A l'extrémité de la petite place où s'élève la maison de Nicolazic, on aperçoit un chemin presque abandonné, qui disparait au milieu de flaques d'eau, entre les haies des prairies, et traverse les ajoncs d'une lande. C'était la route d'Auray au commencement du XVII° siècle. Une croix de pierre, qu'on peut voir encore aujourd'hui[1], se dressait au bord de cette route, à un kilomètre environ de Keranna ; quand notre bon laboureur passait devant la croix, il aimait à s'agenouiller pour y faire une prière. Le souci des choses terrestres ne le détournait jamais de Dieu.

Un soir, c'était le 25 juillet 1624, il revenait de la ville, son chapelet à la main, et tout entier à sa prière, il passait devant la croix, quand soudain l'apparition qu'il avait déjà

[1] On l'appelle maintenant *la croix de Nicolazic*.

contemplée, se tint devant lui, environnée de lumière, debout sur un nuage, et portant un flambeau. Cette fois, la dame l'appelle par son nom et l'encourage par de douces paroles. Le laboureur poursuit sa route, en continuant sa prière ; mais, ô prodige! l'apparition le précède et le conduit jusqu'à sa demeure. Là, elle s'élève majestueusement dans les airs et disparaît à ses regards, pendant qu'il se demande ce que signifient ces merveilles[1].

Sa femme et ses domestiques l'attendaient pour le repas du soir ; mais Nicolazic ne put manger et ne dit que quelques mots, qui trahissaient l'émotion de son âme.

Peu de temps après, il se retira dans sa grange, « pour y coucher et garder du seigle battu les jours précédents[2]. » Il ne put dormir : la pensée de ce qu'il avait vu le préoccupait. Vers le milieu de la nuit, un bruit confus vint l'arracher à ses méditations. On eût dit une multitude en marche, remplissant le grand chemin qui passait près de la grange. Etonné, il se lève, il sort et regarde, mais il ne voit personne ; la nuit est tranquille : dans la rue déserte et silencieuse, on n'entend aucun bruit[3].

Troublé par cette succession de prodiges, dont il ne peut pénétrer le sens mystérieux, Nicolazic rentre dans sa grange, où, avant de se jeter sur son lit de paille, il demande à Dieu de le prendre en pitié et de ne pas permettre qu'il soit trompé par le démon, puisque son seul désir est d'obéir en tout à la volonté divine.

Sa prière allait être exaucée.

Il avait repris son chapelet, quand soudain la grange se remplit d'une grande clarté, et « une voix lui demanda s'il

[1] *Gloire de sainte Anne*, ch. iv.
[2] *Grandeurs de sainte Anne*, p. 183.
[3] *Acta sanct.*, t. vi, p. 249.

n'avait pas entendu dire qu'il y eût eu autrefois une chapelle dans le Bocenno ; puis, avant qu'il eût pu répondre, » la dame majestueuse apparut au milieu de la lumière[1]. C'était le même éclat, le même vêtement, la même douceur. Nicolazic tremblait en la contemplant. Mais l'heure des révélations était arrivée, et jetant sur lui un de ces regards qui ne sont pas de la terre, l'apparition lui adressa ces paroles, dans le langage du pays : « Yves Nicolazic ne craignez point :

Je suis Anne, mère de Marie ;

» Dites à votre recteur que, dans la pièce de terre appelée le Bocenno, il y a eu autrefois, même avant qu'il y eût aucun village, une chapelle dédiée en mon nom. C'était la première de tout le pays ; il y a 924 ans et six mois qu'elle a été ruinée. Je désire qu'elle soit rebâtie au plus tôt et que vous en preniez soin. Dieu veut que j'y sois honorée[2]. »

Dès qu'elle a prononcé ces paroles, elle disparaît avec la lumière qui l'entoure. Le laboureur se retrouve seul dans sa grange, confus d'un tel honneur, ébloui des magnificences dont il a été le témoin.

Pourtant son âme, que le surnaturel a touchée, se sent inondée d'une joie ineffable. Plein d'amour pour sa *bonne maîtresse*, qui veut être honorée par lui, il s'endort paisiblement, comptant sur son secours pour accomplir les grandes choses qu'elle a commandées.

Le 25 juillet 1624 est une date mémorable de notre histoire. Après avoir choisi dans la foule un humble

---

[1] *Déclarat. de Nicolazic.*
[2] *Grandeurs de sainte Anne*, p. 185. — *Acta sanct.*, t. VI, p. 250.

paysan, après l'avoir préparé par une série de prodiges à sa difficile mission, sainte Anne lève d'un mot le voile qui semblait la couvrir. A partir de ce jour, c'est son œuvre qui s'accomplira sur cet obscur coin de terre ; les obstacles surgiront, elle les surmontera, et les foules, remplissant le petit village du bruit de leurs pas et de l'allégresse de leurs cantiques, réaliseront la prophétie qui effraya le laboureur du Bocenno.

V

ÉPREUVES ET CONSOLATIONS

La faiblesse humaine. — Ne craignez point, Nicolazic. — Le recteur de Pluneret. — Apparition. — Pluie d'étoiles. — Autres témoins.

Après cet éclair de joie surnaturelle, la faiblesse humaine reprit le dessus dans l'âme du bon Nicolazic. La grandeur de la mission l'effrayait. Qu'était-il pour servir de mandataire à l'aïeule de Jésus ? Comment pourrait-il persuader les autres de la réalité de sa vision ? On le traiterait d'insensé, on l'accuserait de témérité et d'orgueil, jamais il ne trouverait l'argent nécessaire pour bâtir la chapelle que demandait sainte Anne.

Tourmenté par ces pensées, partagé entre la crainte et l'espérance, il se retirait à l'écart : la douleur aime la solitude. Et, quand on lui demandait la cause de sa tristesse, il gardait le silence, redoutant de communiquer aux hommes le secret de Dieu.

Parfois cependant il reprenait courage ; son cœur, fortifié par la grâce, se remplissait d'une invincible espérance.

Six semaines se passèrent au milieu de ces luttes intimes. Alors, sainte Anne, prenant pitié de son fidèle serviteur, lui apparut avec son éclat accoutumé, et d'une voix grave, où perçait l'accent d'un doux reproche :

— « Ne craignez point, mon Nicolazic, lui dit-elle, et ne vous mettez pas en peine ; découvrez à votre recteur, en confession, ce que vous avez vu et entendu ; et ne tardez plus à m'obéir. Conférez-en aussi avec quelque homme de bien, pour savoir comment vous devez vous y comporter[1]. »

Cette fois, ses hésitations furent vaincues par la parole de sainte Anne. Dès le lendemain, il alla trouver son recteur.

Messire Sylvestre Rodüez n'était pas crédule, et s'il savait incliner sa foi devant l'autorité de l'Église, il s'élevait avec rudesse contre tout ce qui lui semblait superstitieux. En cette circonstance, nous devons convenir qu'il agit avec une déplorable précipitation : la prudence ne consiste pas à rejeter sans examen les manifestations extraordinaires, mais à les étudier avec soin pour en reconnaître le caractère véritable ; car si la sagesse chrétienne défend de favoriser la crédulité de l'homme, elle défend aussi de s'opposer aux desseins de Dieu.

Le recteur de Pluneret reçut très durement les confidences du laboureur. Après l'avoir accusé de faiblesse d'esprit, il lui défendit expressément d'ajouter foi à ces apparitions, qu'il appela des rêveries et des songes faits à plaisir.

Attristé de ces reproches, mais comptant néanmoins sur sa *bonne maîtresse*, Nicolazic reçut la sainte communion et revint paisiblement à Keranna.

Sainte Anne ne lui fit pas attendre ses consolations. Dès la nuit suivante, elle lui apparut, et lui adressa ces paroles :

— « Ne vous souciez pas, Nicolazic, de ce que diront les

---

[1] *Hugues de Saint-François* et *Déclarat. de Nicolazic.*

hommes; accomplissez ce que je vous ai dit, et pour le reste, reposez-vous sur moi. »

Consolé par cette voix si douce, le bon paysan résolut de se mettre à l'œuvre sans retard; mais la crainte envahit de nouveau son âme, les difficultés qu'il avait déjà entrevues se dressèrent encore devant lui.

Sept semaines s'étant écoulées dans ces hésitations, il fallut que sainte Anne vint relever son courage. Ce ne fut plus avec l'accent du reproche, mais avec une affectueuse douceur, qu'elle lui dit :

« — Consolez-vous, Nicolazic; l'heure viendra bientôt où ce que je vous ai dit s'accomplira. »

Alors un colloque charmant s'établit entre sainte Anne et le laboureur. Confiant dans la parole du Ciel, mais effrayé par les obstacles, il lui exposa naïvement ses craintes :

« — Mon Dieu, ma bonne maîtresse, vous savez les difficultés qu'y apporte notre recteur, et les reproches honteux qu'il m'a faits, quand je lui ai parlé de votre part. Je n'ai point de moyens suffisants pour bâtir, encore que je sois très aise d'y employer tout mon bien. Qui me croira, si je dis qu'il y a eu une chapelle, là où je n'ai jamais, que par ouï dire, rien vu de semblable? Qui pourra en faire les frais ? »

« — Ne vous mettez pas en peine, mon Nicolazic : je vous donnerai de quoi commencer l'ouvrage, et jamais rien ne manquera non seulement pour bâtir, mais encore pour faire d'autres choses qui étonneront le monde[1]. »

Après cette nouvelle assurance du succès, Nicolazic repoussa toute hésitation et toute crainte. Plein d'une con-

---

[1] *Hugues de Saint-François*, p. 190. — *Gloire de sainte Anne*, ch. IV. — *Déclarat. de Nicolazic.*

fiance inébranlable, il résolut de fouler aux pieds les obstacles humains, pour ne plus penser qu'à l'accomplissement des desseins de Dieu.

Sainte Anne voulut le récompenser de son obéissance, en confirmant par de nouveaux prodiges la vérité de ses paroles. Vers la fin de l'été, il chargeait du mil, au clair de la lune, pour le transporter dans sa grange, lorsqu'il vit tomber une véritable pluie d'étoiles, depuis le Bocenno jusqu'à sa chaumière : c'était sans doute l'image des grandes choses qui devaient transformer cet humble coin de terre. Bien qu'il n'en comprit pas la signification, il fut rempli de joie et entrevit dans un avenir obscur encore la réalisation de ses plus ardents désirs.

D'autres témoins oculaires furent aussi favorisés de merveilleuses visions. « Dans le même temps, trois personnes de Pluvigner, revenant du marché d'Auray, vers neuf heures du soir, virent, au même endroit, descendre du ciel une dame majestueuse, vêtue de blanc, environnée d'une clarté resplendissante, et ayant près d'elle deux flambeaux allumés[1]. »

Plus tard, quand les foules se rendaient au nouveau sanctuaire, d'autres prodiges vinrent encore augmenter la ferveur des pèlerins. Les uns, surpris par la nuit à une lieue de Keranna, invoquèrent la Sainte, et aussitôt une douce lumière les éclaira jusqu'au but de leur voyage ; un autre, M. de Kerlos, égaré dans la lande, par une nuit profonde, vit briller un flambeau qui le conduisit jusqu'à la chapelle et disparut.

Ainsi, sainte Anne, se jouant de l'opposition des hommes, relève le courage de son serviteur et attire le peuple en faisant briller à ses regards la volonté du ciel.

[1] *Gloire de sainte Anne*, ch. IV.

VI

AVANT LE GRAND JOUR

Promesses de sainte Anne. — Chez le recteur. —
M. de Kermadio. — Nouvelle apparition. — Un
don du ciel. — Le vicaire de Pluneret. — Les
Capucins.

Jusqu'ici, Dieu s'est contenté de préparer à son œuvre
l'homme qui doit lui servir d'instrument. Dans ses peines,
il le console, dans ses doutes, il l'éclaire ; mais, pour
vaincre l'incrédulité du monde, il faut des preuves qui
confirment le désir de sainte Anne et les paroles de son
envoyé.

Le dénouement approche. Si les raisonneurs refusent
encore de croire, les foules vont venir, appelant, dans leur
enthousiasme, le jugement qui approuvera leur foi.

La vie de Nicolazic s'écoulait au milieu de manifestations surnaturelles, qui avaient fait un homme nouveau de
cet humble campagnard. Souvent il lui arriva d'être transporté, pendant la nuit, au champ du Bocenno, où son
oreille était charmée par d'angéliques concerts, pendant

que son âme oubliant les choses de la terre, savourait une joie céleste.

Le premier lundi de mars 1625, il eut une nouvelle joie : sainte Anne lui apparut[1]. Après l'avoir blâmé de sa lenteur à exécuter ses ordres, « elle lui recommanda de retourner voir son recteur et de lui dire, de sa part, qu'elle voulait qu'on bâtit une chapelle en son honneur, dans l'endroit où il y en avait eu une autrefois, avant même que le village eût été bâti. Elle ajouta qu'à l'avenir, lui et les autres auraient des marques assurées qui les induiraient à croire la vérité de ce qu'il avait vu et entendu. Une lumière du ciel, ajoutait sainte Anne, lui ferait découvrir son ancienne image, dans l'endroit du champ qui lui serait indiqué. Elle lui enjoignit, en outre, d'en parler à quelques gens de bien[2] ».

Quand l'apparition se fut évanouie, Nicolazic sentit dans son cœur une inébranlable confiance, et, croyant n'avoir passé qu'une demi-heure dans cet entretien mystérieux, il reprit tout joyeux le chemin de sa chaumière. Sa femme et ses domestiques étaient couchés. Seule, sa sœur l'attendait. Étonnée de cette absence qui avait duré trois heures, elle lui demanda d'où il venait si tard. Mais, sans rien répondre, il se retira dans sa chambre, pour prendre un peu de repos.

Dans la suite, il pleurait de joie quand il parlait de cette vision si pleine de délices intérieures et de consolations célestes.

Dès le lendemain matin, 4 mars, il s'empressa d'obéir à sainte Anne, en allant trouver le recteur de Pluneret;

---

[1] *Gloire de sainte Anne*, ch. IV.
[2] *Grandeurs de sainte Anne*, p. 199.

mais, redoutant sans doute ses reproches, il se fit accompagner par son voisin Lézulit, alors marguillier de la paroisse.

Messire Rodüez fut aussi impitoyable que la première fois :

— Jusqu'ici, dit-il au pieux paysan, vous avez passé pour un homme sage ; vous vous faites grand tort, en vous arrêtant à des imaginations ridicules et sans aucun fondement.

Puis, ajoutant la menace aux reproches, il dit encore :

— Si vous continuez à y croire, je vous défendrai l'entrée de l'église et l'usage des sacrements ; et si vous venez à mourir en cet état, je ne vous laisserai point enterrer en terre sainte. Vous faites grand tort à votre famille, qu'on soupçonnera de folie comme vous. Les révélations ne se font point à des gens de votre sorte ; mais à des personnes savantes et saintes. Ne me parlez plus de chapelle : il y en a déjà trop dans la paroisse. Jamais je ne consentirai.

Que pouvait faire Nicolazic, en face d'un refus si obstiné ? Toujours humble, mais toujours confiant, parce qu'il avait la parole de sainte Anne, il laissa passer l'orage et ne répliqua pas un seul mot.

Comme il s'en revenait au village, il rencontra M. de Kermadio, gentilhomme d'un sens droit et d'une grande prudence, qui l'avait en singulière estime. Après lui avoir tout raconté — les reproches de son recteur aussi bien que les faveurs de sainte Anne —, il en reçut des encouragements, et le laissa tout édifié de sa constance et de sa simplicité.

Deux jours après, le 6 mars, nous retrouvons le paysan chez le gentilhomme. Il était accompagné de dom Yves

Richard, *son bon amy*, qui lui avait conseillé de faire cette visite.

Nicolazic exposa en détail ses révélations, ses troubles, sa confiance.

— Sainte Anne, ajouta-t-il, m'a ordonné d'en parler à quelques gens de bien, pour savoir leur avis ; je vous prie humblement de me donner le vôtre.

— Cette manière d'agir est très sage, lui répondit M. de Kermadio[1]. Mais je ne suis pas versé dans ces matières spirituelles. Consultez des Religieux, et, si vous avez encore de semblables apparitions, prenez avec vous quelques-uns de vos voisins, pour qu'on puisse recourir à leur témoignage Au reste, continuez à prier Dieu, et ne vous découragez point des rebuts de votre Recteur, ni des contradictions que vous pourrez rencontrer encore.

A ces consolations et à ces conseils sainte Anne daigna ajouter ses encouragements maternels. Elle approuva le bon Nicolazic, l'exhorta à entreprendre lui-même de bâtir la chapelle, assurant que rien ne lui manquerait, et l'excita à avoir confiance, au lieu de différer comme il l'avait fait jusqu'alors.

En entendant ces doux reproches, il sentit dans son cœur une grande force, et comprenant que, seul, il ne pouvait surmonter les obstacles, il ajouta avec une hardiesse respectueuse, qui montrait la candeur de son âme :

— Faites donc quelque miracle, ma bonne maîtresse, pour que tout le monde sache votre volonté.

— Allez, lui dit-elle ; confiez-vous en Dieu et en moi : vous en verrez bientôt en abondance, et l'affluence de monde

---

[1] Le manoir de ce nom se voit encore, sur les bords de la rivière d'Auray, à une petite distance de la gare de Sainte-Anne.

qui viendra m'honorer en ce lieu, sera le plus grand miracle de tous[1].

Nicolazic, fortifié par cette apparition, résolut de surmonter tous les obstacles, pour obéir à sa *bonne maîtresse*, et d'engager ou même de vendre tout ce qu'il possédait, afin de trouver l'argent nécessaire.

Sainte Anne, satisfaite de son obéissance lui prouva par un nouveau miracle que, si elle ordonnait de bâtir une chapelle, elle viendrait en aide à ceux qui accompliraient sa volonté.

Le lendemain matin (vendredi, 7 mars), Guillemette Le Roux, femme de notre pieux laboureur, aperçut, en se levant, douze quarts d'écus, disposés trois à trois sur une table où, peu auparavant, il avait vu le mystérieux flambeau. Etonnée, car elle savait qu'il n'y avait point d'argent dans la maison, elle les porta à son mari, qui dormait dans une chambre voisine[2].

Nicolazic comprit que c'était l'accomplissement de la promesse de sainte Anne, et il remercia Dieu.

A peine levé, il fit appeler son ami Lézulit, et se rendit avec lui à Pluneret, pour montrer au recteur l'argent miraculeux, qu'il avait soigneusement enveloppé dans un mouchoir blanc.

Messire Rodüez n'était pas au presbytère ; mais ils trouvèrent dom Jean Thominec, son vicaire, qui les reçut fort mal. Imitant la brusquerie de son recteur, il blâma

---

[1] *Grandeurs de sainte Anne*, p. 205. — *Gloire de sainte Anne*, ch. VI.
[2] Ces pièces, dit le P. Hugues, étaient les unes du coin de Paris, de l'année 1623, les autres de 1625, et les ＊ ＊ de diverses ＊briques. Cinq personnes, entre autres l'évêque de Vannes ＊. sénéchal ＊ ray, purent en avoir une. Longtemps après, Madame de Kervilio donna la sienne aux Carmes qui la conservèrent dans le trésor du couvent, enchâssée dans un cristal. Les autres servirent à payer les ouvriers, quand on jeta les fondements de la chapelle.

Nicolazic de s'arrêter à des visions qu'il taxa de rêveries et de folie, ajoutant que c'était lui qui avait supposé cet argent. Il lui proposa néanmoins de l'accompagner à Auray, pour consulter les Capucins. Un autre prêtre, dom Julien Morhan, s'y rendit avec eux.

En passant par la ville, ils trouvèrent le seigneur du Bocenno, assis à sa porte, *selon son ordinaire,* et Nicolazic lui montra les douze quarts d'écus. M. de Kerloguen en retint deux par dévotion et promit que, si l'on bâtissait une chapelle, il en donnerait l'emplacement.

Après l'avoir quitté, Nicolazic se rendit avec les deux prêtres chez les Capucins auxquels il raconta tout ce qui lui était arrivé depuis trois ans. Ébranlés sans doute par ce naïf récit, les bons Pères ne voulurent pourtant pas donner une décision. Il y aurait, disaient-ils, du danger à bâtir une chapelle qui serait peut-être délaissée comme tant d'autres. Quant aux apparitions, elles exigeaient un examen plus approfondi.

Le conseil était sage : Nicolazic, bien qu'attristé de cette réponse, résolut d'attendre que sainte Anne lui manifestât de nouveau sa volonté.

VII

DECOUVERTE DE LA STATUE

Les ordres de sainte Anne. — Les témoins. — Le
Bocenno. — Le flambeau disparaît. — La statue.
— Louis XIII et Richelieu. — Coup de main de
Soubise.

Le soir de ce même jour, notre bon laboureur, fatigué
par tant d'émotions, s'était retiré plus tôt qu'à l'ordinaire,
pour prendre un peu de repos. Ses domestiques, prolongeant la veillée, étaient réunis dans une chambre voisine.
Pour lui, avant de s'endormir, il récitait son chapelet,
voulant sans doute appeler à son aide, dans ses perplexités,
Celle qu'il n'avait jamais invoquée en vain.

Vers onze heures, il se voit tout à coup environné d'une
grande lumière qui remplit tout l'appartement ; la clarté
d'un flambeau posé sur la table se détache, vive, éblouissante, au milieu de cette splendeur. Habitué aux prodiges
par lesquels sainte Anne aimait à s'annoncer à lui, il lève
les yeux. Elle est là, toute resplendissante ; son doux re-

gard s'abaisse, et, d'une voix pleine de tendresse, elle prononce ces paroles :

— Yves Nicolazic, appelez vos voisins, comme on vous l'a conseillé ; menez-les avec vous au lieu où ce flambeau vous conduira. Vous trouverez l'image qui vous mettra à couvert des risées du monde ; il connaitra enfin la vérité de ce que je vous ai promis.

Elle disparait alors, mais le flambeau continue à briller. Le moment si désiré est venu : plus d'hésitations, plus de craintes, mais un bonheur sans mélange qui fait oublier les épreuves. Nicolazic se lève en toute hâte et sort.

Le flambeau marche devant lui.

Dieu fit briller une étoile pour guider les Mages au berceau du Sauveur ; sainte Anne fait jaillir la lumière pour guider Nicolazic au champ inconnu qui sera aussi un berceau.

Ne pensant qu'à obéir, il traversait rapidement une pièce de terre qui s'étendait près de sa maison, quand il se rappela la recommandation que lui avait faite sainte Anne : au grand acte qui allait s'accomplir il fallait des témoins. Aussitôt, il revient sur ses pas, appelle Louis Le Roux, son beau-frère, et ils vont ensemble réunir leurs voisins : Jacques Lucas, François Le Bloënec, Jean Tanguy et Julien Lézulit.

Tout est tranquille dans le village : fatigués de leur rude journée, les paysans dorment, sans se douter de la scène merveilleuse qui va se passer près d'eux. Mais sainte Anne veille et ses témoins sont prêts.

Sur le champ où s'était élancé Nicolazic, le flambeau brille toujours :

— Le voyez-vous ? dit-il à ses compagnons ; ils l'aperçoivent, et d'une voix où vibre l'accent d'une joie ineffable:

— Allons, mes amis, ajoute-t-il, où Dieu et Madame sainte Anne nous conduiront[1] !

D'après une tradition constante, la maison du pieux paysan s'élevait à l'est de Keranna, sur cette petite place

Découverte de la statue.

que coupe aujourd'hui la route de Vannes, avant d'aboutir à l'avenue d'où l'on découvre la Scala-Sancta et la vaste enceinte qui l'entoure. Non loin de là, commençait un

---

[1] Heus ! boni viri, eamus quo Deus et sancta mater Anna nos deduxerint. — *Act. sanct.*, t. VI, p. 255).

sentier qui conduisait du village à la fontaine, en longeant le champ du Bocenno.

Nicolazic et ses amis s'engagent dans ce chemin, éclairés par le flambeau qui les précède ; ils marchent, pleins d'espoir, ils arrivent vis-à-vis du Bocenno, lorsque tout à coup la lumière s'arrête sur un coin du champ, au-dessus duquel elle monte et descend par trois fois *comme pour le leur faire remarquer*[1], et elle disparaît.

Ce nouveau prodige les frappe d'étonnement ; mais Nicolazic n'hésite pas. Plein de joie, car un pressentiment mystérieux lui annonce la présence du trésor attendu, il se précipite à l'endroit où le flambeau a paru s'enfoncer dans la terre. Rien d'extraordinaire n'apparaît à ses regards ; un vert tapis de seigle encore en herbe couvre cette partie du champ.

La lumière a disparu, le prodige a cessé ; mais le Ciel a fait entendre sa voix et les hommes vont achever son œuvre.

Sans tarder, Nicolazic, appelant son beau-frère, « fit donner cinq ou six coups de tranche, dont il sortit un *reson* qui fit connaître qu'il y avait du bois en cet endroit[2]. » Puis, se tournant vers ses compagnons :

— Qu'un d'entre vous, leur dit-il, aille promptement au village quérir un tison de feu et un cierge béni de la Chandeleur.

Quelques instants plus tard, le cierge est allumé, tous se mettent à l'œuvre avec ardeur, et le bois de l'ancienne Image apparaît à leurs yeux.

La statue avait environ trois pieds de haut.

Bien que rongée par l'humidité de la terre, elle con-

---

[1] *Grandeurs de sainte Anne*, p. 212.
[2] Ibid., p. 213.

servait encore le blanc et l'azur dont l'avait ornée la main pieuse de l'artiste du septième siècle : les plis de la robe se dessinaient nettement sur le fond noirci dont le bois était fort dur ; les extrémités seules étaient vermoulues.

Mais nos bons paysans ne cherchaient pas un objet d'art, dont ils n'auraient pu comprendre la valeur ; l'humble statue qu'ils avaient sous les yeux leur rappelait la dévotion de leurs ancêtres, et leur montrait la vérité des révélations faites au laboureur de Keranna.

Pleins de respect, ils la prirent, après l'avoir contemplée, l'appuyèrent sur le fossé du champ et se retirèrent joyeux, attendant avec confiance ce que leur apprendrait l'avenir. La lumière les a éclairés, sainte Anne les a conduits comme par la main, pour assister à la réalisation de sa promesse. Ils sont heureux.

Pendant que ces choses se passaient dans un village inconnu de la Bretagne, la France se transformait sous l'influence énergique de Richelieu. Premier ministre depuis deux ans à peine, après avoir fait oublier le duc de Luynes et le maréchal d'Ancre, il poursuivait avec vigueur les trois grandes tâches qu'il s'était imposées : abaisser l'Autriche, fortifier le pouvoir royal, ruiner la puissance politique du protestantisme. Louis XIII s'habituait à le laisser agir et les factieux commençaient à trembler.

Parmi les protestants, qu'il attaqua tout d'abord, se distinguait Benjamin de Rohan, seigneur de Soubise, esprit remuant, ami des aventures et prompt à tenter un coup de main hardi.

Au mois de janvier 1625, ce chef huguenot prit l'île de Rhé, s'empara, près de Port-Louis, de six vaisseaux du roi, occupa la ville et commença le siège de la citadelle. A cette nouvelle, la Bretagne s'émut ; de tous les points du pays, on expédia des renforts aux assiégés, et « le duc de Vendôme, gouverneur de la province, arriva assez à temps pour protéger la citadelle et le déloger de la ville[1] » Obligé de fuir, Soubise ne réussit à s'échapper qu'en brisant une chaine qui barrait la sortie du port

C'est en ce moment que les prodiges se succédaient dans le hameau de Keranna. Les contemporains remarquèrent cette coïncidence des apparitions de sainte Anne et de la défaite des protestants. S'ils avaient réussi à s'établir sur ce point de la côte, n'auraient-ils pas essayé d'en faire un centre pour l'hérésie? Les pieux Bretons crurent à l'intervention de leur Patronne, et virent dans la nouvelle floraison de son culte parmi eux un gage de la protection du Ciel envers la catholique province qui a toujours gardé dans son âme le double amour de ses franchises nationales et de sa foi.

---

[1] Histoire de France sous Louis XIII, par A. Bazin, t. II, p. 11.

VIII

LES PREMIERS PÈLERINS

A Pluneret. — Le seigneur du Bocenno. — Près de la statue. — Incendie de la grange. — Les pierres de la chapelle. — Les pèlerins. — Ce que fait le vicaire.

Nicolazic était heureux. Dès le lendemain matin, il se rendit au Bocenno avec son voisin Lézulit, pour contempler la statue; puis, espérant que Dieu aurait changé les dispositions du recteur, ils allèrent le trouver encore une fois. Tout fut inutile. En vain ils lui racontèrent la découverte merveilleuse de la sainte image; en vain Nicolazic lui montra de nouveau l'argent trouvé la veille du prodige. Messire Rodüez refusa d'ajouter foi à leur récit.

— Qu'est-ce, dit-il au bon paysan, qu'un morceau de bois trouvé en terre? Que signifient ces pièces d'argent que vous m'apportez? Ou c'est un conte que vous me faites, par hypocrisie, pour paraître homme de bien, ou c'est un piège que le diable vous tend, pour vous ruiner et vous perdre.

Avec son humilité ordinaire, Nicolazic ne répondit pas un seul mot : sainte Anne lui avait dit de consulter son recteur ; il obéissait, *ne voulant rien entreprendre sans les ordres establis dans l'Eglise, pour authoriser les desseins qu'il sçavoit estre de Dieu*[1] ».

Après avoir subi cette nouvelle humiliation, il alla voir M. de Kerloguen, qui lui avait promis l'emplacement de la chapelle ; car il espérait toujours qu'elle se bâtirait tôt ou tard, sachant bien que sa *bonne maîtresse* vaincrait l'obstination des hommes.

Le bon seigneur, touché de son récit, fit venir deux Pères Capucins qui, loin d'imiter la rudesse du recteur de Pluneret, interrogèrent Nicolazic avec bonté ; mais, après l'avoir entendu, ils s'en tinrent à leur première décision.

Le pauvre homme s'en revenait, tout attristé, avec son ami, quand, en passant au Bocenno, ils trouvèrent deux autres Capucins qui s'y étaient arrêtés un instant, et dom Yves Richard, accompagné d'un aumônier de la flotte, qui avait voulu voir la statue.

Ce sont les premiers pèlerins.

Par respect pour sainte Anne, les deux paysans placèrent son image debout sur le fossé du champ, et chacun se retira.

Tout le reste du jour, Nicolazic flottait entre l'espérance et la crainte, se rappelant les promesses du Ciel, mais redoutant l'opposition de son recteur, fortifiée maintenant par les avis des Capucins.

Le lendemain, 9 mars, était un dimanche. Vers huit heures du matin, Nicolazic allait au Bocenno avec un vieillard de ses amis, nommé Jacques le Pélicart ; ils cau-

[1] *Hugues de Saint-François*, p. 265.

saient du prodige, quand tout à coup ils entendirent des cris derrière eux. S'étant retournés, ils restèrent frappés d'étonnement : la grange de notre bon laboureur était en feu.

On accourut de tous côtés, les voisins jetèrent de l'eau en abondance; mais la violence de l'incendie était si grande, que tout fut consumé en quelques instants.

Chose étonnante, néanmoins : tout ce qui se trouvait à l'intérieur fut respecté par le feu, et deux monceaux de gerbes, qui s'élevaient près de la grange, ne furent pas atteints, bien que le vent portât la flamme de ce côté[1].

Cet évènement étrange fut diversement commenté dans le peuple. Des personnes qui se rendaient de leur village, situé près de Mériadec, à la grand'messe de Pluneret, assuraient avoir vu de loin, dans la lande, le feu du ciel descendre sur Keranna; ce qui les émerveillait, car le ciel était sans nuage.

Ce récit suffisait pour faire croire à une punition du Ciel : Dieu, disait-on, condamnait la conduite de Nicolazic, et blâmait sa téméraire entreprise.

Mais le bon laboureur, entendant ces dures paroles, n'en était point ému. Son âme, éclairée par le surnaturel, comprenait mieux les voies de la Providence et la miséricordieuse sévérité de Dieu.

Dix ans auparavant, son père voulant utiliser les pierres de l'ancienne chapelle, que ses prédécesseurs avaient retirées du Bocenno, pour le cultiver plus facilement, fit entrer ces matériaux dans les murs de sa grange[2].

---

[1] *Déclaration de Nicolazic.*
[2] « Dans cette pièce de terre, dit la *Déclaration*, on voit quelques vestiges et ruines d'une chapelle, comme tuiles, pièces de vitres, diversifiées de plusieurs couleurs. »

Tout s'expliquait alors.

L'usage profane que l'on avait fait de pierres consacrées à sainte Anne expliquait l'incendie qui punissait cette profanation ; et le fléau qui, en détruisant l'édifice, laissait intact ce qu'il renfermait, montrait qu'en donnant aux hommes une terrible leçon, Dieu glorifiait aussi la vertu de son humble serviteur. Il ne tarda pas d'ailleurs à prouver qu'il bénissait son œuvre.

Le mardi suivant, vers le soir, la sainte image parut entourée d'une clarté extraordinaire, qui se projetait sur le champ tout entier[1] ; et, l'on entendit encore ce bruit d'une grande multitude en marche qui naguère avait étonné Nicolazic

C'était un présage.

Dès le lendemain, des pèlerins arrivèrent de tous côtés. Le bruit des merveilles accomplies dans le pauvre hameau s'était répandu au loin, avec une rapidité incroyable : le peuple venait, avide de prier sur la terre bénie où s'était manifestée sainte Anne.

A la vue d'une telle affluence, un des témoins de la découverte alla prendre dans sa maison un escabeau et un plat d'étain pour recevoir les offrandes que les pèlerins, dans leur piété généreuse, jetaient au pied de la statue. Le vieil historien du pèlerinage nous a conservé le nom de M. de Lesvern, gentilhomme du voisinage, qui y déposa le premier *un quart d'écu.*

Cette manifestation populaire, si spontanée et si enthousiaste, parut dangereuse à la prudence du recteur de Pluneret. Dès qu'il en fut informé, il envoya, « *pour s'y opposer* », dom Thominec, son vicaire, qui exécuta ses

---
[1] *Déclarat. de Nicolazic.*

ordres avec cette rudesse dont il avait déjà donné des preuves.

Ici, je laisse parler le père Hugues de Saint-François : « Estant arrivé, le vicaire jetta d'abord d'un coup de pied le plat et l'escabeau par terre, dissuadant les pèlerins de la créance qu'ils avoient de tout ce qui estoit arrivé à Nicolazic, et deffendit à ceux de la paroisse qui estaient présens, d'y ajoûter foy, sur peine d'excommunication, dont aucun prestre ne les absoudroit, s'ils ne se retiroient au plus tost. Le bon Nicolazic là présent ne répliqua rien et ne s'émut aucunement. Il recueillit les aumosnes jettées par terre, et les conserva avec beaucoup de fidélité[1]. »

Ces contradictions sans doute lui étaient pénibles ; mais sainte Anne recevait des hommages, et, plus confiant que jamais dans l'accomplissement de ses promesses, il attendait sans crainte les révélations de l'avenir.

---

[1] *Grandeurs de sainte Anne*, p. 222.

IX

L'ÉVÊQUE DE VANNES

Sébastien de Rosmadec. — Interrogatoire. — Au château de Kerguéhennec. — Autre interrogatoire. — Les Capucins de Vannes. — Quinze jours après. — La chapelle de Bethléem.

Jusqu'ici, l'autorité diocésaine n'est pas intervenue dans le débat. Les apparitions se sont succédé ; le recteur de Pluneret a montré son obstination, et Nicolazic, son obéissance ; sainte Anne, réalisant ses promesses, a justifié son serviteur, et les pèlerins, attirés par les choses merveilleuses qu'ils ont entendues, accourent près de la sainte Image.

Mais, pendant que les sceptiques raillent et que les croyants prient, bien des âmes de bonne volonté se demandent sans doute ce qu'il faut croire de ces prodigieux récits.

L'évêque va intervenir.

Le diocèse de Vannes avait alors pour premier pasteur

Mgr Sébastien de Rosmadec, qui appartenait à une vieille famille du pays.

Avant d'arriver à cette haute dignité, il avait passé par le cloître, et il était abbé de Paimpont, au diocèse de St-Malo, quand il permuta avec Mgr Martin, qui voulait se retirer dans la solitude.

Il occupait son siège depuis un an à peine.

Instruit de ce qui se passait à Keranna, ce prélat, chez qui le zèle pour les bonnes œuvres s'unissait à la prudence dont l'Eglise ne se départ jamais, attendait patiemment que le moment d'agir fût arrivé.

Quand il eut appris la découverte de la statue et l'incendie de la grange, il se décida à faire examiner Nicolazic, et confia ce soin à dom Jacques Bullion, bachelier en théologie de la faculté de Paris, recteur de la paroisse de Moréac.

L'interrogatoire eut lieu le 12 mars, au presbytère de Pluneret.

La réunion était imposante pour le pauvre paysan, qui connaissait les dispositions de son recteur. Outre le commissaire de l'Evêque, Messire Rodüez, dom Thominec, dom Yves Richard et un clerc nommé Jean Burquin en faisaient partie. Bien qu'intimidé par la présence de ceux qui l'avaient traité si durement, Nicolazic répéta, d'une manière brève et simple, ce qu'il avait déjà affirmé plusieurs fois, et répondit parfaitement aux questions qu'on lui posa.

Lorsque tous les assistants eurent signé sa déclaration[1], le commissaire partit pour Vannes, afin d'informer

---

[1] Cette déclaration, que nous avons souvent citée, a été copiée par les Carmes, en tête d'un volumineux manuscrit conservé aux Archives du pèlerinage.

l'Évêque du résultat de sa mission. Les réponses du paysan, le concours des pèlerins, l'opposition du recteur se heurtant contre la foi du peuple, il n'omit aucun détail. Touché de ces choses extraordinaires, le prélat voulut interroger lui-même Nicolazic et le fit venir en sa maison de Kerguéhennec, qu'habitait son beau-frère, M. de Kermeno du Garo, ancien conseiller au Parlement de Bretagne.

Le bon laboureur s'y rendit avec joie, et confirma par serment la vérité de sa déclaration. L'Évêque écouta avec bonté le récit de ce qui lui était arrivé ; puis il lui fit quelques objections et des demandes particulières auxquelles il satisfit pleinement.

« M du Garo, dit le P. Hugues, comme très expériment à découvrir la vérité des choses par les interrogations juridiques, lui en fit de son costé et forma des difficultez sur ce qu'il disoit ; mais l'un et l'autre examen ecclésiastique et politique ne purent le faire se couper ny contredire en quoi que ce soit : tant la vérité est égale en tout, quand elle est inspirée et révélée du Dieu de vérité[1]. »

Quelques jours après, nouvel interrogatoire en présence de l'Évêque.

Le recteur de Pluneret avait été prié d'accompagner Nicolazic ; mais il ne se trouva point à Vannes, au jour indiqué, craignant peut-être de recevoir des reproches pour la rudesse de ses procédés.

Le P Charles Borromée de Lamballe, gardien des capucins de Vannes, se trouvait chez le prélat. Interrogé de nouveau sur sa déclaration et sur tout ce qui lui était arrivé, Nicolazic, que rassurait la bonté de l'Évêque, parla

---

[1] *Grandeurs de sainte Anne*, p. 225.

à cœur ouvert et compléta par plusieurs détails intéressants ses dépositions précédentes.

Mgr de Rosmadec ne voulut pourtant pas se prononcer encore.

Il pria les Capucins de retenir Nicolazic, pendant quelques jours, dans leur couvent, et de l'examiner avec soin. Tous les Pères l'interrogèrent successivement ; comme il ne savait que le breton, son frère Pierre qui l'accompagnait lui servit plusieurs fois d'interprète. Cette épreuve, dont il sortit vainqueur, ainsi que de toutes les autres, ne parut point suffisante aux religieux, qui le renvoyèrent à Keranna, en lui ordonnant de revenir dans quinze jours.

Pendant ce temps, le P. gardien fit faire des prières pour obtenir les lumières d'en haut et réunit plusieurs fois en conseil quelques religieux de grande expérience, qui occupaient de hautes charges dans la communauté.

C'étaient les PP. Gilles de Monay, maître des Novices, Ambroise de Brest, Célestin de Marsillé et Césarée de Roscoff, prédicateurs.

Après avoir mûrement réfléchi devant Dieu, ils arrivèrent tous aux mêmes conclusions. La vie exemplaire de Nicolazic, son désintéressement, puisqu'il consentait à donner tout son bien pour bâtir la chapelle ; son récit qui ne contenait rien de contraire à l'Évangile ni aux Canons ; le nom du village qui prouvait la vérité des anciennes traditions ; les prédictions accomplies, l'affluence du peuple, qui, malgré les oppositions, venait vénérer la statue, tout leur disait que le laboureur était l'instrument du Ciel.

Ils devaient donc, ajoutaient-ils, favoriser l'œuvre de Dieu et y contribuer de tout leur pouvoir.

Cependant, ils attendirent par prudence, avant d'en

parler à l'Évêque, le nouvel interrogatoire qu'ils firent subir au pieux laboureur.

Au bout des quinze jours, s'étant présenté devant eux, il répondit avec la même ingénuité et de la même manière aux questions qui lui furent posées.

Deux religieux le conduisirent sur la route de son village, jusqu'à la chapelle de Bethléem[1], espérant que, dans une conversation familière, ils verraient mieux s'il y avait dans son récit quelque chose d'arrangé et de prémédité. Mais cette nouvelle épreuve fit briller une fois de plus son innocence, et les Capucins le laissèrent tout joyeux : il sentait bien qu'il touchait au but de ses désirs.

Le P. gardien et le P. Ambroise communiquèrent ensuite à Mgr de Rosmadec le résultat de leur minutieuse enquête ; ils ajoutèrent qu'il serait utile de bâtir une chapelle, pour entretenir la dévotion des pèlerins qui affluaient de tous côtés.

Le bon Prélat, enchanté de cette décision qu'appelait sa piété, préféra néanmoins attendre quelque temps encore ; et afin de s'éclairer complètement, avant de prendre une mesure si grave à ses yeux, il chargea les deux *Pères* de se rendre à Keranna, pour lui faire un rapport exact sur tout ce qui se passait.

---

[1] La chapelle de Notre-Dame de Bethléem (que le peuple appelle Béléan) fut bâtie, dit la légende, par le sire du Garo qui, ayant été fait prisonnier à Bethléem, avec son serviteur, allait être mis à mort, quand la sainte Vierge, qu'ils avaient priée, les transporta miraculeusement dans la cour de leur vieux manoir.

DEUXIÈME PARTIE

LA CHAPELLE

I

LE DOIGT DE DIEU

Prudence de l'Évêque. — La cabane de genêts. — Réparties du P. Ambroise. — Mort de dom Thominec. — Le Recteur s'humilie. — Divers châtiments.

Une seule chose empêchait l'évêque de décréter la construction d'une chapelle à Keranna. Sans doute le nombre des pèlerins augmentait de jour en jour, et d'abondantes offrandes, soigneusement recueillies par Nicolazic, semblaient lui permettre l'accomplissement de ses plus chers désirs : mais tant d'autres sanctuaires, bâtis dans l'enthousiasme d'une dévotion nouvelle, avaient été délaissés par le peuple, qu'il voulait, avant de rien décider, avoir un fonds assuré pour le service divin.

La générosité de M. de Kerloguen leva cet obstacle, en assurant, pour une messe par semaine, une rente de quinze livres, à perpétuité.

Rien ne s'opposait dès lors à l'érection du nouveau sanctuaire. Mgr de Rosmadec y consentit.

Keranna va devenir Sainte-Anne. Le nom sera le même,

mais il prendra une signification plus grande ; car l'église qui abritera la statue vénérée, au lieu d'être la chapelle d'un petit village breton, deviendra le centre d'une dévotion dont la renommée remplira le monde.

Comme les pèlerins arrivaient de plus en plus nombreux et toujours fervents, les Capucins de Vannes et d'Auray venaient fréquemment leur prêter le secours de leur ministère. Ces premiers jours du pèlerinage naissant faisaient déjà présager les merveilles de l'avenir. On voyait les fidèles se mettre à genoux sur la terre sans se soucier de la pluie qui tombait ; le bonheur de prier devant la sainte Image leur faisait oublier les fatigues ; aussi le bon P. Ambroise disait-il en les voyant : *Vere Dominus est in loco isto*, le Seigneur est vraiment en ce lieu ; et le P. Gilles, considérant une femme qui pleurait à chaudes larmes, s'écria, tout attendri : « J'ai entendu bien des prédications en ma vie ; elles ne m'ont pas tant ému que la dévotion de cette pauvre femme ; il faut bien que Dieu lui donne une grande grâce et que ce lieu soit véritablement saint. »

Souffrant de voir les pèlerins ainsi exposés à la pluie, le P. Ambroise aurait voulu les mettre à couvert, pendant qu'ils priaient. La bonne volonté des habitants seconda son charitable désir. Un paysan donna des genêts, un autre fournit du bois, un troisième se chargea de construire l'édifice ; en peu de temps, la statue eut un oratoire, et les pèlerins, un abri.

Tout heureux, le bon Nicolazic fit apporter de sa maison un coffre, pour servir d'autel, le recouvrit d'une nappe blanche et y déposa la sainte Image enveloppée d'un voile. Cette cabane de genêts fut la première chapelle de Sainte-Anne, humble comme l'étable de Bethléem, pauvre comme ceux qui l'avaient bâtie ; mais l'amour est prodigue : la générosité des fidèles, transformant ces frêles murailles, en fera la chapelle où nous avons prié, et, plus tard, la basilique dont nous contemplons aujourd'hui les splendeurs.

Cependant ces manifestations d'une piété sincère ne parvenaient pas toujours à désarmer la critique orgueilleuse : les sages du monde trouvent souvent à redire à l'œuvre de Dieu. Entre tous les Capucins qui se firent les défenseurs de Nicolazic, le P. Ambroise se distingua par son zèle[1]. C'était un homme de grand mérite, dont le ferme bon sens s'alliait parfois à une piquante bonhomie. Toujours prêt à répondre, car il avait pour lui la vérité, il lui suffisait d'un mot pour réfuter les objections les plus spécieuses. Lui parlait-on de l'ignorance du laboureur, il rappelait que Jésus a mis de pauvres pêcheurs à la tête de son Église ; essayait-on de le faire passer pour un fou, qui prenait ses rêveries pour des réalités, il rappelait sa vie si chrétienne, ses ferventes prières, ses communions fréquentes, sa conduite exemplaire. A un conseiller au Parlement, qui blâmait l'enthousiasme des pèlerins, il répondit avec une sainte liberté : « Si vous aviez été conseiller d'État des Trois Rois, vous les eussiez dissuadés de quitter leur pays pour aller adorer l'enfant Jésus dans l'étable de Bethléem ; mais la sagesse humaine n'est que folie devant Dieu, et la contradiction du monde, une épreuve qui fait voir l'excellence de ses ouvrages. »

Ainsi le bon sens d'un pauvre moine réfutait les critiques des esprits forts ; Dieu se chargea lui-même d'é-

---

[1] Ce bon religieux, qui était de Brest, laissa, sur la fondation du pèlerinage, des mémoires manuscrits aujourd'hui perdus, dont se sont servis le P. Hugues et l'auteur de la *Gloire de sainte Anne*.

carter tous les obstacles, en punissant ceux qui les avaient suscités.

Dom Thominec fut frappé le premier. Deux jours après l'acte de violence qu'il s'était permis en présence des pèlerins, il ressentit au bras un mal inconnu qui lui causa de vives douleurs ; tous les remèdes furent inutiles, et, après avoir souffert pendant trois ans, il mourut, en regrettant sa faute, servant ainsi d'exemple à tous ceux qui veulent s'opposer aux desseins de Dieu[1].

Le recteur, qui l'avait poussé à agir, fut frappé à son tour, trois semaines après l'éclat du Bocenno. Une nuit, pendant son sommeil, il fut saisi d'une terreur panique, et tellement maltraité que, s'imaginant être attaqué par des voleurs, il s'écria avec force qu'on le tuait après l'avoir volé. On accourut ; il n'y avait personne, et l'on essaya de le rassurer. Mais comme il se plaignait d'être brisé de coups, on s'aperçut qu'il était perclus des deux bras, si bien, dit le P. Hugues, *qu'il falloit lui donner à manger.*[2]

Ce châtiment ne suffisait pas encore : loin de reconnaître sa faute, il continua de lutter contre la dévotion qui grandissait de jour en jour. Il fallut, pour briser son obstination, les douces remontrances d'un de ses amis, qui lui conseilla de recourir à sainte Anne, en faisant une neuvaine aux pieds de la statue.

Il céda, et pendant la nuit, — car il voulait éviter les regards, — il alla neuf fois demander son pardon. A sa dernière visite, s'étant fait laver les mains et les bras dans la fontaine, il fut radicalement guéri : sainte Anne montrait sa bonté après avoir exercé sa justice. Touché par ce

---

[1] *Gloire de sainte Anne,* ch. X.
[2] *Hugues de Saint-François,* p. 212.

coup de la grâce, le bon recteur devint aussi ferme dans sa foi qu'il avait été obstiné dans sa résistance. Dès qu'il fit jour, il se rendit dans la cabane de genêts qui abritait la sainte Image ; il s'humilia, en déclarant à haute voix, devant les pèlerins, qu'il croyait à la déclaration de Nicolazic ; lui demanda publiquement pardon et promit de dire la première messe qui se célébrerait en ce lieu béni[1].

Son repentir était sincère : pour mieux montrer à son pieux paroissien combien il regrettait sa conduite passée, il voulut tenir sur les fonts du baptême l'enfant que Dieu lui accorda, quelques mois après.

Plusieurs autres faits étranges montrèrent aussi qu'on ne se joue pas impunément de la volonté du Ciel.

Un habitant du voisinage, Marc Ardeven, s'était moqué de la statue vénérée ; il tomba malade et ne guérit qu'en s'humiliant devant sainte Anne qu'il avait outragée[2].

Un boulanger cupide, voyant un grand concours de fidèles, doubla le prix de son pain ; blâmé par Nicolazic, il reconnut sa faute, promettant de donner, pour la chapelle l'excédent de son gain illicite ; mais quand on eut compté deux ou trois fois l'argent, on ne trouva, au grand étonnement de tous, que la valeur ordinaire du pain. Cette dure leçon le convertit et arrêta la cupidité de ses pareils[2].

On pourrait citer encore le châtiment d'une femme avare qui, ayant spéculé sur le prix d'un champ et d'une hôtellerie qu'elle vendit aux religieux, perdit non seulement cette forte somme, mais encore les autres biens qu'elle possédait[3].

De tous ces faits remarquables, le plus frappant est

[1] *Gloire de sainte Anne*, ch. x.
[2] *Hugues de S. François*, p. 241.
[3] Id., p. 247.

celui que nous allons raconter. Plusieurs pèlerins traversaient une lande, pour se rendre à Keranna, quand vint à passer un cavalier, à l'air dédaigneux et moqueur. C'était M. de Couëtmenez, alloué de Pluvigner et depuis sénéchal de Baud :

— Quoi ! leur dit-il, vous ajoutez foi aux rêveries d'un paysan ! et c'est au moment de la moisson que vous quittez votre travail !

A l'instant même, quoique l'air fût calme et le ciel serein, une flamme étincelante l'environne, la foudre éclate, le cavalier désarçonné roule aux pieds de son cheval. A peine debout, il continue à lancer ses sarcasmes ; mais un second éclair l'enveloppe, et son cheval, qui se cabre, le jette de nouveau par terre. Éclairé par ce coup de foudre, il imite saint Paul dans l'humilité de son repentir : menant son cheval par la bride, il se rend à la cabane de genêts pour demander son pardon.

Son regret fut si vif, sa dévotion si grande que, le reste de ses jours, il publiait sans cesse ce prodige, où se montre d'une manière admirable la miséricordieuse bonté de Dieu[1].

---

[1] *Grandeurs de sainte Anne*, p. 284, et *Gloire*, ch. x.

II

LA PREMIÈRE FETE

Le trésor de Nicolazic. — Décret de l'Evêque. — La chapelle provisoire. — Première procession de paroisse. — Pose de la première pierre. — L'Evêque de Cornouaille.

Le Ciel avait parlé par des prodiges qui venaient confirmer les déclarations de Nicolazic. Il ne restait plus qu'à exécuter ses ordres ; mais l'évêque, considérant la pauvreté de l'humble oratoire, hésitait à permettre qu'on y dit la messe, le jour de la fête de sainte Anne.

S'étant rendu à Auray, au commencement du mois de juillet, le Prélat fit venir Nicolazic, pour savoir à combien montaient les offrandes des pèlerins. Le bon paysan déclara qu'il avait entre les mains 1800 écus, somme considérable à cette époque, et bien sufûsante pour commencer les travaux de la chapelle.

Il n'y avait plus à hésiter ; la générosité des hommes, secondant la volonté de Dieu, achevait de dissiper tous les doutes ; cependant l'évêque, poussant la prudence jusqu'au scrupule, voulut s'éclairer encore, avant de lancer le décret de fondation.

Messire Roduëz, le recteur de Plumergat, dom Le Breton, secrétaire du Prélat, dom Yves Richard et M. de Kervilio, gentilhomme du voisinage, furent chargés d'accompagner Nicolazic à Sainte-Anne, pour constater par eux-mêmes de quelle somme on pouvait disposer.

Le laboureur avait dit vrai.

Sur le rapport des commissaires, le décret fut expédié, le jour même, et la pose de la première pierre fixée au 26 juillet 1625.

Pour remplacer la cabane de genêts qui protégeait la statue, on construisit une chapelle provisoire en planches de sapin, assez propre pour qu'on pût y célébrer la messe, assez spacieuse pour abriter ceux qui voudraient prier devant la sainte Image

Le bon Nicolazic était ravi. Pendant qu'il s'occupait de l'oratoire, les Capucins firent retoucher par un sculpteur d'Auray, nommé Le Souisse, l'antique statue dont on recueillit avec soin les fragments

Ils furent l'instrument de la puissance de sainte Anne.

Chose admirable ! la vertu des saints se communique souvent aux objets qui les représentent ou qui leur ont appartenu ; les reliques, une statue, l'eau d'une fontaine sanctifiée par une apparition miraculeuse, établissent entre le ciel et la terre ces communications merveilleuses, qui se manifestent par des prodiges aux yeux charmés de la foule.

Plusieurs malades furent guéris, en buvant avec respect de l'eau où l'on avait déposé quelques morceaux de la sainte Image. C'était le prélude des prodiges qui de-

La statue miraculeuse.

vaient s'accomplir, grâce à sainte Anne, aux pieds de la statue miraculeuse[1].

Le bruit des grandes choses arrivées à Keranna se répandait de plus en plus ; les pèlerins accouraient nombreux, amenés, les uns par la reconnaissance, les autres par l'espoir ; ils priaient sur cette terre bénie et s'en retournaient consolés et joyeux.

Cependant le jour de la fête approchait. Bien que la province ne fût pas sillonnée, comme de nos jours, par des routes nombreuses, la grande nouvelle, pénétrant dans les hameaux les plus reculés, remuait les âmes, et, prenant en main le bâton du voyageur, les pieux Bretons se mettaient en route pour assister à la solennité.

Déjà deux PP. capucins avaient tout disposé pour la cérémonie, aidés de quelques pieuses personnes d'Auray, qui fournirent des nappes, du linge plissé, des tableaux et des fleurs.

Dès la veille, la foule était considérable Les paroissiens de Riantec eurent l'honneur de commencer cette touchante série de pèlerinages, qui se renouvellent chaque année pour la gloire de sainte Anne et le bonheur de ses enfants. Ils arrivèrent processionnellement avant les premières vêpres.

Cette journée fut belle : le P. Ambroise prêcha en breton ; puis, après le chant des litanies, le P. Gilles de Monay s'adressa en français à la foule. Les pèlerins se pressaient autour des confessionnaux, pour se préparer à la fête du lendemain.

Le bon Nicolazic, toujours généreux malgré sa pauvreté, fut heureux de recevoir les missionnaires dans son

---

[1] *Grandeurs de sainte Anne*, p. 252.

humble demeure. Ne travaillait-il pas à glorifier sa bonne maîtresse, en donnant l'hospitalité à ceux qui, par leur exemple et leurs prédications, hâtaient l'accomplissement de ses désirs ?

Les pèlerins, au nombre de trente mille, campaient dans la lande et dans les champs ; toujours inspiré par les souvenirs bibliques, le P. Ambroise les comparait aux Israélites, dans le désert ; mais, moins heureux que leurs devanciers, ils couchaient sur la terre dure et n'avaient ni tentes ni pavillons.

Enfin le jour si désiré parut.

Dès le matin, la plus grande animation régnait dans le petit village ; tous les sentiers étaient remplis d'une foule empressée et pieuse ; les visiteurs se succédaient dans la rustique chapelle, pendant que, debout sur les haies des fossés, des Capucins, fidèles à leur mission d'apôtres populaires, adressaient au peuple de chaleureuses exhortations, jetant dans les âmes des semences qui devaient grandir.

La matinée avançait : les pèlerins attendaient avec impatience l'heure de la messe, première solennité par laquelle Dieu prendrait possession de cette terre bénie.

Mais la permission de l'évêque n'était point arrivée encore.

Dans son zèle, le P. Césarée n'hésite pas ; il part, se presse, arrive à Kerango où se trouvait le Prélat, et revient triomphant à Sainte-Anne, porteur de l'autorisation désirée.

Alors le recteur de Pluneret accomplit son vœu.

Au milieu de la foule, qui connaît son opiniâtreté et son repentir, il célèbre la première messe à l'autel de l'oratoire, montrant une fois de plus que la grâce est assez puissante pour vaincre les volontés rebelles, et proclamant par son humble soumission la vertu de Nicolazic, qu'il avait méconnue autrefois.

Mgr de Rosmadec n'ayant pu se rendre à la solennité, se fit représenter par M. Gentil, official du diocèse, qui bénit la première pierre, en son nom. La seconde fut posée par le sénéchal d'Auray, Philippe Cadio, fils de M. de Kerloguen.

Tous les pèlerins étaient heureux ; ils se pressaient autour de Nicolazic, pour le féliciter, avec un respect qui le couvrait de confusion ; si bien qu'il se serait dérobé par la fuite à ces hommages, s'il n'avait été chargé de recueillir les offrandes.

Pour la gloire de sa bonne maîtresse, il se résigna à souffrir le tourment des humbles, qui ne peuvent supporter la louange.

La générosité des pèlerins se manifesta par de splendides offrandes. En quelques jours, le petit trésor de sainte Anne s'augmenta de 1300 écus, sans compter le fil, la cire et autres objets en nature, présents des pauvres laboureurs.

« Et puis, dites qu'il faut user de prudence humaine, en fait de tels ouvrages : assurément quand Dieu s'en mesle, il n'y peut rien manquer[1]. »

Dans le cours de cette histoire, nous pourrons répéter plus d'une fois encore cette réflexion naïve et vraie de notre vieil historien.

On comprend la joie du pieux Évêque, lorsque le P. Ambroise lui rapporta tout ce qui s'était passé. Quand Nicolazic, dans sa simplicité confiante, demandait à sainte Anne un miracle pour confirmer la vérité de ses

---

[1] *Hugues de Saint-François*, p. 253. — Pour le récit de cette grande solennité, nous avons suivi le même auteur, 252 et suiv., et la *Gloire de sainte Anne*, ch. XI.

révélations, elle avait prédit qu'un grand concours de pèlerins viendraient l'honorer en ce lieu béni. Aux yeux du bon capucin, le miracle était accompli.

Malgré ces marques évidentes de la volonté de Dieu, Mgr de Rosmadec, pensant avec raison qu'il fallait tempérer le zèle par une sage réserve, ordonna de préparer seulement les matériaux de la chapelle et de ne point élever la muraille hors de terre, lorsque les fondements seraient remplis.

Déjà, dans le décret d'érection, il n'avait permis de dire la messe, à l'oratoire, que le jour de la fête de sainte Anne ; tant il redoutait de faire échouer l'entreprise par un téméraire empressement.

Nicolazic obéit à ses ordres.

Quelque temps après, messire Guillaume Le Prestre, évêque de Cornouailles, étant venu à Keranna, pour y célébrer la messe, le bon laboureur prenant à la lettre la défense de l'évêque de Vannes, n'osait lui donner les ornements nécessaires. Le vénérable pèlerin, édifié de son obéissance, le rassura, lui remit, après avoir célébré, un billet de décharge, et écrivit à Mgr de Rosmadec pour le prier d'y laisser dire la messe tous les jours.

Le Prélat y consentit, mais seulement pour les derniers mois de 1625 ; enfin comme le nombre des pèlerins croissait de plus en plus, il accorda cette autorisation pour toujours.

Dès lors, la dévotion ne pouvait que grandir : sainte Anne devait paraître plus aimable encore près de l'autel où s'immolait Jésus.

III

LES CARMES

Nicolazic architecte. — Les premiers chapelains. — Pourquoi l'Évêque choisit les Carmes. — Contrat de fondation. — La cabane des Missionnaires. — La chapelle. — Le couvent.

Dieu élève les hommes à la hauteur de la mission qu'il leur confie. Quand les travaux de l'église furent commencés, Nicolazic sembla subir une transformation véritable. Ce n'était plus le paysan timide, se défiant de ses propres forces ; mais, sans rien perdre de sa modestie, il montra une habileté pratique, capable d'étonner les plus expérimentés. Le soin des offrandes, qu'il recueillit toujours avec le désintéressement le plus complet, la surveillance des ouvriers, les peines qu'il se donnait pour obtenir le bois de la charpente, l'occupaient continuellement. Il avait l'œil à tout ; il était partout, sans précipitation, imposant le respect par sa fidélité à son devoir, s'attirant l'affection par sa douceur et sa charité.

Ne sachant ni lire ni écrire, il n'oubliait rien cependant ;

d'après ses indications, dom Yves Richard, *son bon amy*, tenait un compte exact des recettes et des dépenses, auquel le délégué de l'évêque et le sénéchal d'Auray, chargés de la vérification, ne trouvèrent jamais rien à reprendre.

Les laboureurs des environs, entraînés par l'ardeur de son zèle, donnèrent à l'œuvre nouvelle leur travail et leur temps ; « de sorte qu'on peut dire que Nicolazic acquit, en faveur de sa bonne maîtresse, un droit de corvée, à trois et quatre lieues tout autour, sans aucun payement que celuy de la récompense qu'attendaient ces bonnes gens dans le Paradis[1]. »

L'évêque de Vannes avait choisi deux prêtres, dom Yves Richard et dom Bertrand Kerdavid, pour administrer les sacrements aux pèlerins ; l'affluence grandissant de jour en jour, il résolut d'établir, à Sainte-Anne, une communauté de religieux.

Les Capucins, dont le zèle et la science avaient tant contribué au développement de la dévotion, méritaient d'être préposés à la garde du sanctuaire ; mais, obligés de mendier pour vivre, comme leur saint fondateur, ils n'auraient pu assurer à leur couvent un revenu certain, au moyen des offrandes si nécessaires pourtant à l'avenir du pèlerinage.

Mgr de Rosmadec jeta les yeux sur les Carmes.

Ces moines, que les souverains Pontifes appellent les frères de la Vierge, avaient eu, s'il faut en croire une ancienne tradition, un célèbre couvent dans la maison de saint Joachim et de sainte Anne, à Jérusalem ; enfants privilégiés de la Mère de Marie, il était juste qu'ils devinssent les gardiens de sa chapelle miraculeuse.

Une autre considération devait encore déterminer l'évêque

---

[1] Grandet, v. de sainte Anne, p. 264.

en leur faveur ; l'affection envers cet ordre illustre était héréditaire dans sa famille, et l'un de ses parents, évêque de Cornouailles, avait généreusement contribué autrefois à la fondation du monastère de Pont-l'Abbé.

Enfin, le P. Séraphin de Jésus, membre de la même famille religieuse, prêchant, en 1627, à la cathédrale, avait tellement gagné les bonnes grâces du prélat par son éloquence, sa piété et la douceur de son caractère, qu'il l'aimait tendrement et ne pouvait rien lui refuser.

Ces motifs le décidèrent à vaincre tous les obstacles pour obtenir l'établissement des Carmes à Sainte Anne.

Le Père Philippe Thibaut venait d'opérer dans son ordre une importante réforme. Honoré de la confiance du P. Silvius, son général, distingué par sa science et par sa modestie, il entra avec courage dans les intentions du Pape Clément VII, et travailla, de toutes ses forces, au rétablissement de la discipline.

Il était provincial quand l'évêque de Vannes fit connaître ses intentions. Le prélat et le moine se comprirent ; cependant le P. Philippe hésitait, parce qu'il n'y avait point de maison disposée pour recevoir les religieux, et il ne voulait pas qu'ils fussent mêlés aux séculiers. Madame du Rohello, femme d'un grand mérite et d'une piété remarquable, trancha la difficulté, en mettant à leur disposition son château du Quenven, que l'on voit encore à une petite distance du village.

Le P. Séraphin y habita avec deux autres Pères et un frère lai du couvent d'Hennebont, qui parlait la langue bretonne Le zèle ardent de cette jeune colonie du Carmel entretint la première ferveur de la dévotion, en attendant l'établissement de la communauté et l'érection de la chapelle.

Enfin le contrat de fondation fut passé, à Vannes, le 21 décembre 1627 ; un mois après, M. Cadio de Kerloguen donna par acte le fonds du couvent, et la prise de possession eut lieu le 8 février 1628. Par lettres patentes, écrites au camp de la Rochelle, le 8 juillet de la même année, Louis XIII confirma ces actes, auxquels le chapitre de Vannes donna son approbation, quelques mois plus tard, grâce à l'intervention de François de Cossé, duc de Brissac, lieutenant général du roi en Bretagne, et de Christophe Fouquet, procureur général au Parlement[1].

Quand tout fut réglé, les religieux commencèrent à s'acquitter de leur sainte mission ; durs pour eux-mêmes, charitables pour les autres, ils prêchaient, ils administraient les sacrements avec une ardeur infatigable, sachant bien qu'une piété solide peut seule assurer l'avenir d'un pèlerinage.

La chapelle était loin d'être achevée.

Pendant que les travaux continuaient sous la direction du bon Nicolazic, à qui ils avaient voulu laisser cet honneur, les Carmes, utilisant ce qui était couvert, placèrent dans le *trèfle* supérieur un autel et une crédence supportant la statue miraculeuse ; dans une chapelle, ils établirent la sacristie, avec le chœur des religieux au dessus ; dans une autre, ils dressèrent un second autel, et l'église, toute provisoire encore, fut bénite solennellement par l'official du diocèse, qui en avait déjà posé la première pierre.

Bien que la maison du Quenven ne fût pas éloignée de Sainte-Anne, les religieux, voulant se donner tout entiers aux pèlerins, résolurent de se rapprocher du sanctuaire. Le couvent n'était pas bâti ; mais, oubliant leurs aises

---

[1] *Hugues de Saint-François*, p. 271.

pour ne songer qu'à la conquête des âmes, les moines se souvinrent que la statue n'avait eu qu'une misérable cabane pour premier abri.

Ils n'en demandaient pas davantage.

En quelques jours on vit s'élever, près de la chapelle, une *loge* couverte de genêts, longue de 25 pieds, large de 12 ; l'étage inférieur servit de réfectoire ; au-dessus, dans une sorte de grenier, ils étendirent leurs pauvres grabats. Il n'en fallait pas plus pour des apôtres.

Dès lors la construction de l'église fut continuée avec ardeur : quelques années suffirent pour la terminer, telle à peu près que nous la retracent nos souvenirs.

Maintenant qu'elle a disparu pour faire place au monument que nous admirons aujourd'hui, c'est pour nous un devoir de rappeler le modeste éclat de ce sanctuaire où se sont succédé tant de générations croyantes.

Le P. Benjamin de Saint-Pierre, qui en fut l'architecte, voulut le rendre digne de sainte Anne et de la piété des pèlerins. Grâce à de généreuses offrandes, la richesse de l'ornementation intérieure vint compenser ce qui manquait du côté des proportions. Ce n'était qu'une chapelle étroite et basse ; mais, décorée avec ce luxe de détails qui caractérise l'architecture de cette époque, elle attirait les regards de ses pieux visiteurs, qui la considéraient comme une merveille.

L'autel principal, œuvre de *maître Bertrand Jardel*, artiste poitevin, était surmonté d'un riche retable, formé de colonnes de marbre noir et jaspé, que reliaient des moulures et des festons délicatement sculptés. Au milieu, apparaissait la statue de sainte Anne, regardant avec amour son petit-fils Jésus, que la Vierge sa mère tenait entre ses bras ; saint Joachim et saint Joseph, contemplant le Sauveur, saint Jean-Baptiste et saint Jean l'Evangéliste, conviant les pèlerins à s'adresser au trône des miséricordes, complétaient cette ornementation remarquable, où le symbolisme s'unissait à l'art pour attirer l'âme en charmant les yeux.

Ancienne chapelle Sainte-Anne.

La statue miraculeuse, entourée de médaillons représentant des faveurs obtenues, s'élevait sur un autre autel que précédait une grille de fer ouvragé, servant de support aux cierges qu'y faisaient brûler les pèlerins.

Des peintures décoraient les voûtes ; celles du chœur étaient d'or et d'azur. Enfin, une boiserie, sculptée avec goût, recouvrait les murs sur lesquels une longue suite d'ex-voto, bien éloquents dans leur réalisme naïf, proclamait la puissance de sainte Anne et son amour pour ses enfants.

La tour massive et lourde, que le talent d'un architecte habile a transformée sous nos yeux, ne fut terminée que quinze ans après la chapelle ; elle renfermait la sacristie et le chœur des religieux, qu'une large arcade séparait du sanctuaire. En face dans le jubé qui surmontait la grande porte du fond de l'église, on apercevait les orgues, qui, selon l'expression d'un contemporain, étaient « *des meilleures, des plus douces et des plus délicates qui se pussent entendre* [1] »

A l'extérieur, un ensemble de constructions formant un tout harmonieux, révélait le talent du moine architecte. Devant la chapelle, s'élevait la *Scala-Sancta*, avec un *Ecce homo* remarquable sculpté par François de la Barre ; de chaque côté, reliant l'escalier saint au monastère, s'étendaient les galeries des pèlerins, dont quelques piliers subsistent encore, engagés dans des constructions récentes. Près de la tour s'ouvrait le cloître des religieux, monument d'un goût pur et simple, qui nous a été conservé tel qu'il existait autrefois. Le monastère, communiquant avec l'église, occupait tout un côté du préau ; à l'orient et au nord, s'étendaient un vaste jardin, un enclos traversé par deux belles allées de tilleuls et de chênes, et de grandes prairies, séparées des autres dépendances par un étroit canal aboutissant à une pièce d'eau poissonneuse [2].

---

[1] *Gloire de Sainte Anne*, ch. XII.
[2] Nos deux vieux historiens décrivent longuement le couvent et l'église ; nous n'avons fait que les résumer.

La générosité des fidèles, en dotant les Carmes de toutes ces possessions, savait bien, et l'avenir l'a prouvé, qu'ils seraient la providence des pauvres et les administrateurs désintéressés des biens donnés pour Dieu.

Dans cette transformation d'un humble coin de terre par l'action puissante de la foi, qui a toujours quelque chose de créateur, le lieu de la première apparition ne pouvait pas être oublié. La source inconnue, près de laquelle Nicolazic aperçut sainte Anne, devint une vaste piscine, formée de trois bassins d'inégale grandeur, et entourée de gradins disposés en amphithéâtre.

La statue qu'on y voit aujourd'hui couronnait autrefois le grand portail de la chapelle ; c'est une œuvre de mérite, en même temps qu'un précieux souvenir.

IV

LA RELIQUE

Les rois très chrétiens. — Lettre d'Anne d'Autriche à
l'évêque de Vannes. — Naissance de Louis XIV. —
Histoire de la relique. — La translation solennelle.

Pour accomplir son œuvre, Dieu n'a pas besoin des
grands ; mais s'il choisit le plus souvent parmi les humbles
les instruments de ses volontés, il aime à incliner devant
elles le front des rois, afin de montrer au monde qu'il tient
leurs cœurs dans sa divine main.

Le bruit des événements de Keranna avait franchi bien
vite les limites de la Bretagne ; la Cour elle-même s'en
était émue.

Louis XIII et Anne d'Autriche, alors souverains de la
France, méritaient leur nom de rois très chrétiens, à une
époque où le scepticisme, qui devait envahir la société, un
siècle plus tard, n'avait pas encore ébranlé la foi.

Prince faible malgré son courage chevaleresque, qui
révélait en lui le fils du Béarnais, Louis XIII, après avoir

subi l'influence de Concini et du duc de Luynes, se laissait conduire par Richelieu, qu'il redoutait. La reine, triste et désolée, au milieu des distractions bruyantes de la cour, demandait à Dieu de combler ses plus chers désirs, en accordant un Dauphin à la France. Après 13 ans de mariage, elle n'avait point d'enfant : la branche aînée de la famille d'Henri IV allait s'éteindre sans héritiers.

En 1629, Anne d'Autriche envoya à Sainte-Anne la présidente de Mesme, de l'illustre maison d'Amboise, pour y faire une neuvaine à son intention ; sept ans plus tard, M. du Boislouët, enseigne des Gardes du corps, accomplit le même pèlerinage, de la part de Leurs Majestés.

Dès le 12 juin 1628, la reine avait écrit à l'évêque de Vannes pour le féliciter d'avoir établi à Sainte-Anne les religieux du Mont-Carmel, « qu'elle affectionnait pour leur bonne vie et piété[1]. » Elle ajoutait : « Vous ferez chose qui me sera très agréable d'y faire continuer les prières publiques pour la conservation de la santé et des affaires du roi. » Dans son mandement du 12 septembre suivant, l'Évêque, se conformant au désir de la reine, recommanda « de prier Dieu de bénir Sa Majesté d'un Dauphin, au souhait et pour le bien de tout le royaume, de protéger le roi et de donner victoire à ses justes armes. » Depuis lors, les religieux chantèrent, après les vêpres conventuelles, les litanies de sainte Anne, une antienne pour la paix, et trois fois le *Domine, salvum fac regem*, avec les oraisons correspondantes. Ces prières se faisaient devant la Statue miraculeuse, au milieu des pèlerins qui aimaient à y assister.

La confiance d'Anne d'Autriche en son auguste Patronne

---

[1] Archives de l'Évêché de Vannes.

ne fut pas vaine ; le 5 septembre 1638, Dieu accordait à la France ce Louis-Dieudonné qui devait laisser son nom à son siècle et imposer à l'admiration du monde la gloire du nom français.

Au milieu de la joie que causait à toute la cour cette naissance si impatiemment attendue, le P. Séraphin de Jésus, étant alors à Paris, crut pouvoir demander au roi une relique de sainte Anne, qui serait pour le pèlerinage un inappréciable trésor. Heureux de témoigner sa reconnaissance à la grande sainte qui l'avait entendu, le roi lui accorda volontiers ce qu'il demandait.

Il ne sera pas sans intérêt de rechercher ici comment cette relique se trouvait en la possession du roi de France.

Lorsque les chevaliers croisés revenaient dans leur pays, après avoir guerroyé en Orient contre les infidèles, ils étaient fiers de rapporter dans leurs manoirs quelque pieux souvenir de leur excursion lointaine ; c'étaient des ossements de quelques saints, une parcelle du bois de la vraie Croix, qu'ils conservaient précieusement dans la famille, comme une protection pour leur noble foyer.

Or, parmi les guerriers de la sixième croisade, se trouvait un gentilhomme de l'Orléanais, nommé Geoffroy du Soleil, qui reçut de Simon, patriarche de Jérusalem et légat du du Saint-Siège, un grand nombre de précieuses reliques, parmi lesquelles il y en avait une de sainte Anne, qu'il apporta en France, dûment authentiquée par acte patriarcal du 2 janvier 1232 [1].

Cette relique passa plus tard aux religieuses de l'abbaye de Voisin, et fut donnée par l'abbesse de cette communauté

---

[1] Lettre de Mgr de Rosmadec. — Archives de l'Évêché de Vannes.

à son cousin, Messire Henri de Loménie, prince de Mortagne, qui en fit présent au roi Louis XIII.

Quant le prince eut affirmé, au Châtelet de Paris, pardevant les notaires du roi, l'authenticité de cette relique, elle fut remise au P. Séraphin[1], pour être solennellement transportée à Sainte-Anne.

Louis XIII fit adresser des lettres de cachet à l'évêque de Vannes, au sénéchal et aux habitants d'Auray, pour les prier de la recevoir avec toute la solennité possible ; il voulut écrire lui-même aux Carmes, afin de les exhorter « *à prier Dieu pour lui, et à conserver précieusement ce gage de sa dévotion à sainte Anne, mère de la bienheureuse Vierge*[2]. »

Le voyage fut un triomphe.

Dans toutes les villes, depuis Paris jusqu'à Vannes, les habitants vénéraient la relique qui fut souvent exposée dans les couvents du Carmel. Sur son passage, il s'opérait des prodiges.

Elle fut solennellement transférée à Sainte-Anne, le 1ᵉʳ juillet 1639.

La veille, M. Gallois, grand-vicaire de Vannes, l'avait déposée dans la chapelle de Saint-Fiacre, située à une petite distance d'Auray, d'où les religieux de Sainte-Anne la portèrent dans l'église Notre-Dame. Plusieurs d'entre eux y passèrent la nuit. Au matin du grand jour, les carmes quittèrent processionnellement leur sanctuaire, suivis d'une grande foule de pèlerins, accourus de toutes parts.

Le défilé commença.

---

[1] Le duc de Montbazon et le comte de Nogent furent chargés par le Roi de la remettre au religieux. On lit, aux archives de l'évêché, les certificats de cette cérémonie, signés par les deux seigneurs. Elle se fit au château de Saint-Germain.

[2] *Hugues de Saint-François*, p. 359.

En tête du cortège s'avançaient les bannières des paroisses voisines, les habitants de la ville, marchant en armes, précédés des trompettes et des tambours ; puis une *école* de hautbois du Poitou conduisait une troupe de jeunes enfants, dont le premier portait une enseigne, et les autres des guidons ornés de branches de laurier, semées de fleurs de lys d'or [1].

Venait ensuite une magnifique bannière sur laquelle se détachaient, au milieu des fleurs de lys et des hermines, d'un côté l'image de saint Joachim, de la Vierge et de sainte Anne ; de l'autre, les armes de la reine et du roi. Une *école* de violons précédait un chœur de jeunes filles, toutes vêtues de blanc, couronnées de guirlandes de fleurs au milieu desquelles étincelaient des perles et des pierreries. Elles portaient d'une main un cierge de cire blanche, de l'autre, un bouquet odoriférant, double symbole de l'innocence, à la fois lumière et parfum.

Derrière ce petit groupe, on voyait les croix des paroisses, les Capucins, les Carmes, revêtus de leurs plus beaux ornements, enfin la sainte relique, resplendissant dans un cartouche doré, sur un brancard que portaient les prieurs de Rennes et du Bondon. Deux acolytes l'encensaient tour à tour. Les autres religieux suivaient avec une foule d'ecclésiastiques, que présidait le grand-vicaire.

Sur la place des Halles, on s'arrêta pour mettre le feu au bûcher, selon la coutume du pays. Des décharges de mousqueterie retentissaient au milieu du bruit des trompettes et des roulements des tambours, pendant que la foule chantait le *Te Deum*.

---

[1] Les détails de cette description sont empruntés à l'ouvrage du P. Hugues, pp. 361 et suiv.

La procession se remit en marche vers Sainte-Anne, et s'arrêta quelques instants dans la lande d'où l'on découvre la chapelle. Là, chacun ayant repris son rang, on se dirigea lentement vers une estrade couverte d'un voile, sur laquelle l'évêque attendait.

Dès que la relique eût été déposée sur l'autel, le Prélat, debout, dans tout l'éclat de ses ornements, fit faire silence et commanda de lire la lettre de Sa Majesté.

Louis XIII y affirme de nouveau sa dévotion pour sainte Anne, à l'intercession de laquelle il attribue beaucoup de grâces qu'il a reçues de Dieu. La relique qu'il donne est un gage de sa reconnaissance et une marque de son affection [1].

Les acclamations du peuple répondirent à ces déclarations si chrétiennes ; l'émotion gagnait les cœurs.

Dans cette imposante multitude, le plus heureux, sans doute, était le bon Nicolazic. Tous les yeux se tournaient vers lui : mais, sans s'inquiéter de l'admiration des hommes, il remerciait le Ciel d'avoir comblé ses vœux, en permettant l'établissement et le triomphe d'une dévotion si longtemps combattue.

Quand la procession se dirigea vers l'église, il portait la grande bannière de sainte Anne, dont nous avons déjà parlé.

Les soldats formaient la haie de chaque côté de la rue qui conduit à la chapelle ; le peuple s'avançait au milieu du bruit des mousquets et des accords des instruments. Le chant des prêtres, l'harmonie des violons et des hautbois, les mille lumières qui couvraient les autels, tout ravissait les pèlerins en remplissant leurs cœurs d'une dévotion ineffable, qui leur semblait un avant-goût du paradis.

[1] *Hugues de Saint-François*, p. 366.

Après la messe et les vêpres solennelles, la foule se réunit autour d'un feu de joie, en chantant le *Te Deum*, pendant que du haut de la tour retentissait, mêlé au son des cloches, le bruit des tambours et des trompettes, dominant les acclamations des pèlerins.

En se retirant, vers le soir, ils purent contempler de loin les fusées qui montaient vers le ciel, dernière image des splendeurs de ce grand jour.

C'était l'adieu.

V

PROGRÈS DE LA DÉVOTION

Le vœu d'une reine. — Bulle d'Urbain VIII. — Érection de la confrérie. — Le livre d'or. — Les grands jours. — Pèlerinage de Pont-l'Abbé — L'incendie d'Auray.

La dévotion d'Anne d'Autriche envers son auguste patronne était sincère et vraie. Elle se plut à en donner des preuves.

Déjà le nom de sainte Anne était célèbre ; le récit des apparitions, la construction de la chapelle, les miracles, tout attirait les âmes ; profondément remuée par ces merveilles, la catholique Bretagne accourait aux pieds de sa Mère.

Ce n'était pas assez.

Il fallait que, la France entière rendant hommage à la Patronne des Bretons, son sanctuaire devînt un centre non seulement pour ses enfants privilégiés, mais pour tous les catholiques du royaume très chrétien.

Afin d'obtenir ce résultat, la reine résolut de travailler à l'établissement d'une confrérie en l'honneur de sainte Anne.

Dès le 12 août 1638, elle écrit, à ce sujet, au général des Carmes, qui résidait à Rome. Le digne religieux multiplie les démarches, aplanit les obstacles, et, le 22 septembre, il obtient l'expédition de la bulle d'érection.

Cette faveur obtenue, Anne d'Autriche adressa à l'évêque de Vannes, pour le prier d'ériger la confrérie, une lettre qui exprime admirablement sa piété pour la grande sainte dont elle porte le nom.

Elle ajoute : « Entre les prières que vous ordonnerez y estre faites, les religieux chanteront à haute voix, à l'issue de leurs vespres, les litanies de sainte Anne, pour la conservation et prospérité du roy mon Seigneur et de ses enfants de France [1]. »

Les religieux ont disparu, mais le vœu de la reine a survécu aux révolutions : chaque dimanche, dans la basilique édifiée sur l'emplacement de l'ancienne chapelle, la voix des fidèles et des prêtres chante encore ces litanies touchantes qui disent à sainte Anne de prier pour nous.

La confrérie fut solennellement érigée, dans l'église du pèlerinage, par Mgr Sébastien de Rosmadec, assisté de son grand-vicaire et de deux chanoines de son église cathédrale.

C'était le 15 février 1641. Depuis lors, l'œuvre due à la piété de la reine n'a fait que grandir. La pieuse princesse voulut s'inscrire de sa propre main sur le registre de l'association. Les noms du dauphin, depuis Louis XIV, d'Henriette, reine d'Angleterre, d'Henriette-Anne, duchesse

---

[1] *Hugues de Saint-François*, p. 341.

d'Orléans, et d'une foule de personnages appartenant à la plus haute noblesse, s'y lisaient après celui de la souveraine.

Ce registre a disparu ; mais les archives du pèlerinage en conservent deux autres, où l'on trouve encore des noms illustres Le premier (1815 à 1840) contient 12,954 noms, parmi lesquels ceux de la duchesse d'Angoulême et de la duchesse de Berry. Le second, ouvert en 1851, n'a été fermé qu'en 1872. Parmi les 9,800 noms qu'il renferme, plusieurs appartiennent à l'histoire. Ainsi, non loin de Napoléon III, nous trouvons Lamoricière, cet intrépide défenseur de l'Église, qui termina une vie héroïque par une mort digne d'un soldat chrétien

L'élan qui poussait les fidèles aux pieds de sainte Anne s'accentua encore, lorsque Pie XI éleva la pieuse association au rang d'archiconfrérie [1]. L'érection canonique en fut faite, dans l'église du pèlerinage, le 7 mars 1872, par Mgr l'évêque de Vannes, qui tint à honneur d'inscrire son nom en tête du nouveau registre. Depuis quinze ans, près de *trente mille* noms sont venus s'ajouter au sein.

Comme dans les autres listes, toutes les classes de la société y sont représentées ; les noms les plus illustres s'y mêlent aux plus humbles : évêques, magistrats, ouvriers, paysans ou grands seigneurs, confondus dans ce livre d'or du pèlerinage, témoignent ainsi à sainte Anne leur piété confiante et leur filiale affection.

On le voit, le grain de sénevé est devenu un arbre magnifique ; l'œuvre d'Anne d'Autriche a été bénie de Dieu

Il ne suffisait point aux souverains de la France d'avoir travaillé à l'érection de la confrérie. Dans leur zèle pour la

---

[1] Voir, à la fin du volume, les indulgences accordées à l'association.

gloire de sainte Anne, ils demandèrent par l'entremise du maréchal d'Estrées, leur ambassadeur à Rome, des indulgences, que le pape Urbain VIII s'empressa d'accorder.

C'était pour les pèlerins un nouveau motif de se rendre, en grand nombre, au sanctuaire où sainte Anne montrait, par des faveurs signalées, la puissance de son intercession.

Les fêtes du pèlerinage étaient splendides

Quatre-vingt mille pèlerins, en trois jours, aux solennités de la Pentecôte ; les confessionnaux assiégés par cette foule pieuse, qui s'approchait ensuite de la Table sainte ; un concours plus grand encore, à la fête du 26 juillet où il fallait faire appel au zèle de quatre-vingts confesseurs, tel était le spectacle que donnait à la terre et au ciel ce hameau de Keranna, sanctifié par la présence de Celle qui l'avait choisi.

« C'est une merveille, dit notre vieil historien, de voir les champs, la lande et les environs du couvent, couverts, pendant la nuit, de pèlerins qui s'y reposent, distribués en très bel ordre, sans aucune confusion. Les femmes sont au milieu, les hommes tout autour, en forme de rond. Chaque troupe, à diverses reprises, chante des airs et cantiques de dévotion en l'honneur de sainte Anne, les autres bandes répondant avec un concert si ravissant, que les cœurs en sont attendris, et les larmes en sortent des yeux [1] »

En dehors de ces grandes solennités, certaines paroisses donnèrent de magnifiques exemples.

Au commencement de 1634, la ville de Pont-l'Abbé fut décimée par une épidémie terrible ; les riches habitants s'étaient retirés, l'herbe croissait dans les rues ; mais, au milieu de leur affliction, les malheureux qui restaient, gar-

[1] *Hugues de Saint-François.*

dant encore l'espérance, se tournèrent vers sainte Anne, et promirent de visiter son sanctuaire, si elle les délivrait du fléau.

Aussitôt le mal « commença à cesser » et la ville se repeupla.

Fidèles à leur promesse, un grand nombre de pèlerins se mirent en marche, au printemps, sous la conduite des Carmes de leur ville, qui avaient donné l'exemple de la confiance en faisant, les premiers, le même vœu.

Le pèlerinage fut une procession solennelle.

Oubliant la fatigue, pour ne penser qu'à la reconnaissance, les pieux voyageurs franchirent à pied les vingt-cinq lieues qui les séparaient de Sainte-Anne. En passant par les bourgs, ils chantaient des hymnes et se rendaient processionnellement à l'église ; puis, fortifiés par la prière, ils se remettaient en route, attirant par leur exemple de nouveaux pèlerins.

Lorsque, après trois jours de marche, ils aperçurent le sanctuaire, toute cette multitude tomba à genoux, et bientôt ils entraient processionnellement dans le saint lieu. Les cloches jetaient dans les airs leurs plus joyeux carillons, les orgues faisaient entendre leurs doux cantiques.

La plupart des pèlerins pleuraient.

Après un jour entier, consacré aux actions de grâces les plus ferventes, ils quittèrent à regret la chapelle, en promettant d'y revenir encore.

Le souvenir d'un autre vœu s'est conservé dans le pays d'Auray. Un violent incendie avait éclaté dans cette ville, plusieurs maisons étaient en feu, la violence du vent rendait inutiles tous les efforts. Par une inspiration touchante, le clergé apporta le Saint-Sacrement en face des flammes, tout le monde se mit en prière ; mais le fléau continuait son œuvre.

Alors on eut recours à sainte Anne, et l'on fit vœu d'aller en procession à son église, si elle apaisait l'incendie.

Chose merveilleuse ! le feu s'arrêta aussitôt.

Quelques jours après, le pèlerinage eut lieu ; tout le long du chemin, les chants montaient au ciel, la foule joyeuse priait avec amour : sainte Anne dut être fière de ses serviteurs, qui savaient par l'enthousiasme de leur reconnaissance se montrer dignes de nouveaux bienfaits.

Ainsi, dès le début du pèlerinage, les Bretons s'habituaient à recourir à leur Patronne, et les grâces obtenues par son intercession avaient établi entre eux ces liens intimes qui unissent le cœur des enfants au cœur de la mère, dont ils connaissent la puissance et la bonté.

VI

DERNIERS JOURS DE NICOLAZIC

Désintéressement du laboureur. — Dernière maladie.
— Une grande scène. — Ce que voit le mourant. —
On lui présente la statue. — Les funérailles. — Un
missionnaire.

Au milieu des foules qui venaient prier dans le nouveau sanctuaire, Nicolazic jouissait en silence de la glorification de sa *bonne Maîtresse*. Unissant dans son âme la simplicité d'un enfant à la piété d'un saint, il continuait sa vie de travail, avec un désintéressement qui prouve son austère vertu.

Souvent des personnes riches voulurent lui faire de magnifiques présents ; mais, content de sa pauvreté, il les refusait ou les employait à la construction de la chapelle.

Quand il s'agissait de sainte Anne, son mépris des biens de la terre était si grand qu'il eût tout sacrifié pour sa gloire.

Un jour que les pèlerins foulaient le blé de son champ

et emportaient du foin de son pré pour leurs chevaux, le bon P. Ambroise lui demanda s'il n'en était point fâché :

— Oh ! non, répondit-il, je ne me soucie pas plus des biens que s'il n'y en avait point au monde ; pourvu que ma bonne maîtresse soit honorée, Dieu pourvoira à tout [1].

A Sainte-Anne, il jouissait, mais il souffrait aussi ; les hommages des pèlerins effrayaient son humilité, et, pour se soustraire à l'admiration des hommes, il voulut vivre loin de la foule, dans une métairie qui lui appartenait.

Elle était située au bourg de Pluneret, à une petite distance de Keranna, de sorte qu'après avoir satisfait sa piété en accomplissant le pèlerinage, il pouvait rentrer dans cette obscurité qui lui était si chère.

La vieillesse était arrivée pour lui, quand il tomba malade, vingt ans après la découverte de la statue miraculeuse. A cette nouvelle, les Carmes, attristés du danger que courait leur ami, le transportèrent au couvent, pour que ses derniers jours fussent consolés par sainte Anne, s'il plaisait à Dieu de le rappeler à lui.

Son confesseur l'accompagna pendant ce trajet douloureux.

Le bon laboureur ne craignait pas la mort ; plein d'une inébranlable confiance, il répétait avec joie ces paroles qu'il avait souvent sur les lèvres : « Que la volonté de Dieu soit faite ! » Pendant les six jours que dura sa maladie, son calme et sa patience ne se démentirent jamais.

Toujours humble, il remerciait de leur charité les religieux qui s'empressaient près de son lit de douleur, sans se douter qu'il était pour eux un sujet d'édification. Dieu permet souvent que la vertu des justes rayonne, à leur der-

---

[1] *Grandeur de sainte Anne*, p. 256.

nière heure, comme un reflet de leur âme transfigurée déjà par les joies célestes qu'il leur fait pressentir.

Il se confessa plusieurs fois et reçut, avec la plus grande piété, le Viatique et l'Extrême-Onction. Aussitôt après, il perdit l'usage de la parole et sembla entrer en agonie.

Cette scène avait quelque de grand : le serviteur de sainte Anne allait revoir Celle qu'il avait tant aimée. Tous les religieux entouraient son lit de douleur ; près de lui, un Carme récitait les dernières prières, un autre lui inspirait des actes de contrition et d'amour, auxquels il mêlait les doux noms de Jésus, de Marie et de sainte Anne.

Debout au pied du lit, un jeune homme pleurait : c'était son fils.

On n'attendait plus que son dernier soupir, quand soudain son visage prit une expression joyeuse ; ses yeux étaient levés vers le ciel :

— Que regardez-vous ainsi ? lui demandent les deux Pères, étonnés de cette transformation subite.

Alors d'une voix très intelligible il leur dit :

— Voici la sainte Vierge et Madame sainte Anne, ma bonne maîtresse.

Puis il se tut.

Tout ému à ces paroles, le bon religieux qui dirigeait cette âme privilégiée, courut à l'église, obéissant à une inspiration soudaine, prit l'image miraculeuse et revint près du moribond.

Pour consacrer par une attestation plus solennelle, donnée en face de la mort, la vérité des affirmations du laboureur, il lui présenta la statue en disant :

— Est-il vrai, Nicolazic, que vous ayez trouvé cette

Image, grâce aux prodiges que vous nous avez racontés plusieurs fois ?

— Oui, répondit le mourant.

— Avez-vous toujours en sainte Anne la même confiance ? N'êtes-vous pas bien aise de mourir à ses pieds, en reconnaissance des grâces qu'elle vous a faites pendant votre vie ?

— Oui, répondit-il encore.

— Eh bien ! mon frère, l'heure est venue d'aller à Dieu ; baisez donc les pieds de la sainte Image.

Il le fit avec tendresse et respect ; puis il perdit l'usage de la parole, et, quelques instants après, il expira.

C'était le vendredi 13 mai 1645 [1].

Ainsi mourut ce grand serviteur de sainte Anne, conservant jusqu'à la mort son humilité, son amour, sa confiance, et glorifiant, dans son agonie même, celle qui l'avait choisi pour accomplir sa volonté.

Le lendemain, ses funérailles furent célébrées avec les mêmes cérémonies que pour un religieux, honneur que les Carmes n'accordaient jamais aux séculiers, de quelque qualité qu'ils fussent. Mais le pieux paysan était pour eux un frère bien-aimé, puisqu'ils travaillaient ensemble à glorifier leur Mère.

Il fut enterré, selon son désir, devant la grille de l'autel de la dévotion, à l'endroit même où il avait trouvé l'image miraculeuse.

Sa veuve ne lui survécut que de quelques semaines.

---

[1] *Gloire de sainte Anne* ch. II. — *Grandeurs de sainte Anne*, pp. 440 et suiv.

Le fils que sainte Anne leur avait obtenu, après de longues années d'attente, avait dix-neuf ans à cette époque.

Instruit, dès son enfance, par les Carmes de Sainte-Anne, il puisa dans le sanctuaire déjà célèbre l'amour de Dieu et des âmes.

Quelques années après la mort de son père, il fut ordonné prêtre, et travailla avec zèle aux missions que les Jésuites donnaient dans le diocèse.

VII

LES AMIS DE SAINTE ANNE

Pierre Le Gouvello de Keriolet — Désordres. — Le chemin de Damas — Les vœux du pénitent. — Une reine exilée. — La duchesse d'Orléans — La grande dauphine. — Au XVIIIe siècle.

Pendant que Nicolazic terminait sa vie tranquille dans la pratique de la vertu, un gentilhomme du voisinage étonnait le pays par l'austérité de sa pénitence, après l'avoir scandalisé par l'éclat de ses déréglements.

Issu d'une ancienne famille bretonne, Pierre Le Gouvello de Keriolet naquit à Auray, le 14 juillet 1602. Jeune encore mais déjà corrompu, il oublia son éducation chrétienne pour se lancer avec fureur dans tous les désordres. Son caractère indomptable ne souffrait aucun joug. Après avoir essayé l'étude de la philosophie, qui le rebuta bien vite, il aborda la jurisprudence, et revint à la maison paternelle, d'où il s'enfuit, après avoir volé son père ; alors il résolut d'aller servir en Turquie et d'embrasser le mahométisme, si cette apostasie devait servir ses intérêts.

A peine hors de France, il tombe dans la misère, recherche les magiciens, invoque les démons, et retourne à Paris, où il s'associe à une bande de filous.

Son père meurt ; il vient à Rennes, où, à force d'artifices et même de menaces, il réussit à obtenir une charge de conseiller au Parlement.

Le loup s'est fait berger ; mais la haute dignité dont il est revêtu n'impose pas un frein aux désordres de sa vie. Débauché, impie, il brave le Ciel, jusqu'à répondre par des coups de pistolet aux éclats du tonnerre.

Voilà l'homme que nous revoyons, quelques années plus tard, étonnant le monde par l'héroïsme de sa pénitence. Il avait trouvé à Loudun son chemin de Damas. Ayant assisté aux exorcismes qui faisaient alors tant de bruit, il sentit se réveiller dans son cœur la foi qui n'était pas morte encore, courut se jeter aux pieds d'un prêtre et fit une confession générale des désordres de sa vie.

La sainte Vierge le récompensait sans doute de la confiance qu'il avait en elle. Même au milieu de sa folle existence, il l'invoquait souvent, et disait, chaque jour au moins un *Ave Maria*.

Dès lors, il se retire dans sa maison de Kerloi, à une petite distance de Sainte-Anne, pour y vivre dans le repentir. Il lit les Saintes-Écritures, étudie la religion, consulte les Carmes. Son désir d'expiation le pousse à un acte d'humilité sublime : vêtu d'une chemise grossière, d'un pourpoint retourné, sans manches, et d'un méchant haut-de-chausses, un pauvre chapeau sur la tête et un bâton à la main, il se rend à Rennes, que ses débordements avaient scandalisé autrefois ; se tient, neuf jours entiers, au bas de l'église Notre-Dame de Bonne-Nouvelle, priant à genoux dans un coin ; n'en sort que pour mendier un morceau de pain, et se retire, la nuit, sous quelque porche ou dans quelque écurie. Dieu voulut s'attacher d'une manière plus intime cette âme transformée par la grâce ; ses désordres avaient été grands, mais son repentir était plus grand encore ; aussi l'évêque de Vannes, Mgr de Rosmadec, n'hésita pas à lui conférer les ordres sacrés.

Il reçut la prêtrise le 28 mars 1637.

Le pénitent devint apôtre. Pauvre volontaire, il aima les pauvres, les recueillit, les secourut, les servit. Ses biens étaient leur patrimoine ; il établissait pour eux des magasins d'habits : quand il avait tout distribué, il donnait jusqu'à ses couvertures et aux rideaux de son lit.

Plus soucieux encore du bien de leur âme, il les instruisait avec patience et leur administrait les sacrements.

Pauvre, humble et charitable, doux pour les autres, rigoureux pour lui seul, il tenait avec courage les engagements qu'il avait pris avec Dieu. Ainsi il avait promis de faire à son corps le plus de mal possible, et à son prochain, le plus de bien qu'il pourrait ; de passer, tous les jours, sept ou huit heures à genoux, pendant sept ans ; de jeûner, pendant trois ans, au pain et à l'eau : tant étaient grandes l'ardeur de son amour et la sincérité de son repentir.

Nous ne pouvons qu'effleurer cette vie si belle, qui ne se rattache qu'indirectement à notre sujet. Disons pourtant que, s'il fut conquis par la sainte Vierge, sa piété envers sainte Anne contribua sans doute à lui assurer la persévérance. Il aimait les Carmes, et leur prouva son affection en leur donnant deux métairies (1636), situées l'une à Keranna, l'autre dans la paroisse de Plumergat.

Tous les mercredis, il venait célébrer la messe dans la

chapelle déjà célèbre, sainte habitude qu'il conserva jusqu'à sa mort, puisque c'est en se préparant à son pèlerinage qu'il ressentit les premières atteintes du mal qui devait l'emporter. Le samedi suivant, bien faible encore, il se rendit à pied à Sainte-Anne, où il assista à plusieurs messes. Mais, obligé par ses souffrances de se retirer dans la chambre que lui réservait l'amitié des moines, il vit son mal s'aggraver rapidement, reçut avec humilité les sacrements de l'Eglise, et mourut, le 8 octobre 1660, dans les sentiments de la plus tendre piété.

La mort respecta son visage, qui parut *plus frais et plus vermeil* qu'avant sa maladie ; le temps a respecté son souvenir qui restera comme un magnifique exemple de ce que peut l'énergie du repentir appuyé sur la grâce de Dieu [1].

Parmi les autres personnages dont le nom se rattache à l'histoire de Sainte-Anne, nous trouvons deux princesses qu'a immortalisées l'éloquence de Bossuet. En 1644, Henriette de France, reine d'Angleterre, fuyant devant ses sujets révoltés, qui devaient bientôt décapiter leur roi, fut jetée par une tempête sur les côtes de Bretagne. Quelques jours après, elle priait dans l'église de Sainte-Anne. Un tableau, que l'on conserve encore dans la basilique, la représente s'inscrivant sur le registre de la confrérie en présence d'un Carme et de Nicolazic, qui lui raconte la découverte de la statue miraculeuse.

Trois ans plus tard, la reine exilée, ayant retrouvé sa fille, qui était restée aux mains de ses ennemis, offrit au sanctuaire de Sainte-Anne une croix diamantée, en sou-

---

[1] Dans ce résumé de la vie de M. de Keriolet, nous avons suivi dom Lobineau, *Vie des saints de Bretagne*, t. IV, p. 293.

venir de cette délivrance¹. C'est cette enfant, devenue l'épouse du frère de Louis XIV, dont Bossuet a raconté la mort soudaine, dans la « nuit désastreuse où retentit tout à coup, comme un coup de tonnerre, cette étonnante nouvelle : Madame se meurt ! Madame est morte ! »

En 1650, une autre duchesse d'Orléans, voulant remercier notre Sainte de la naissance du duc de Valois, fit remettre au pèlerinage un bas-relief en argent, représentant un enfant qui vient, conduit par sainte Anne, offrir une couronne de diamants à la Vierge et à l'enfant Jésus.

Le XVIIᵉ siècle était près de finir (1682), quand la grande Dauphine obtint, par l'intercession de sainte Anne, la naissance du duc de Bourgogne, cet élève du pieux Fénelon, dont la mort prématurée fut un deuil pour le royaume, auquel ses douces vertus semblaient promettre des jours heureux. La réception de la lampe d'argent offerte par la princesse, donna lieu à une fête magnifique, présidée par l'évêque de Vannes, Mgr Louis de Vautorte.

Au mois de juin 1729, la reine Marie Leczinska, épouse de Louis XV, envoya à Sainte-Anne le P. Archange de Saint-Joseph, prieur des Billettes, pour demander à Dieu une heureuse délivrance. Quelque temps après, la France acclamait le royal enfant qui devait être le père de Louis XVI, de Louis XVIII et de Charles X².

Ainsi, la piété d'Anne d'Autriche et de Louis XIII se perpétuait dans la famille royale, qui aimait à implorer

¹ Voir l'intéressante brochure de M. A. Lallemand, intitulée : *Notice sur deux gravures représentant le retable du maître-autel de Sainte-Anne, au temps des Carmes.* — Vannes, Galles.

² Un ex-voto qu'on voit dans la basilique, vis-à-vis l'autel de sainte Anne, rappelle le souvenir de ce vœu.

notre Patronne et à orner son sanctuaire des témoignages de sa reconnaissance.

Bien d'autres personnages se distinguèrent par leur amour pour sainte Anne, depuis M. Olier, l'illustre fondateur de Saint-Sulpice, jusqu'à Mlle de Francheville, qui établit les maisons de Retraite, et la bonne Armelle, cette pauvre servante transfigurée par la grâce, qui mérita d'être appelée la fille de l'Amour divin.

Pauvres et riches ont recours à sainte Anne, qui, par sa bonté maternelle, encourage les justes, convertit les pécheurs et attire les fidèles sur cette terre qui lui est consacrée.

Pendant le XVIIIe siècle, l'histoire du pèlerinage n'offre rien de saillant, jusqu'au jour de sinistre mémoire où la France tomba dans l'abîme que les débauchés et les sophistes avaient creusé.

VIII

1790-1803.

L'hospitalité des Carmes. — Les *Amis de la Constitution*. — Le 26 juillet 1792. — Expulsion des Moines. — Les catacombes. — Le sermon du 7 mars 1795. — Le fermier du couvent. — Ère nouvelle.

Pendant que les *philosophes*, les utopistes et les futurs bourreaux préparaient l'affreux bouleversement qui devait ruiner la France, les Carmes de Sainte-Anne, conservant leur première ferveur, continuaient leur paisible ministère. Les fêtes du pèlerinage se succédaient aussi brillantes ; les pèlerins accouraient aussi nombreux ; les pauvres, toujours sûrs d'être reçus avec charité, n'hésitaient pas à frapper à la porte du monastère.

Privés de la jouissance de leurs biens, dès 1790, les religieux recevaient une pension qu'on n'osait pas leur refuser encore; mais l'audace vient vite aux persécuteurs.

Plusieurs maisons religieuses ayant été supprimées, les Carmes de Ploërmel, ceux d'Hennebont et un religieux de Nantes avaient trouvé chez leurs frères de Sainte-Anne la plus aimable hospitalité.

Le pèlerinage continuait toujours : les lois iniques peuvent effrayer les faibles ; mais la foi d'un peuple est un torrent dont elles ne peuvent arrêter le cours.

La persécution continuait aussi.

Dès le mois de janvier 1792, les archives du couvent furent transportées à l'hôtel du district[1] ; quelques mois plus tard, des *patriotes* de Lorient, que gênait sans doute la piété des Bretons, voulurent porter au pèlerinage un coup mortel.

Par une lettre (2 juin 1792) adressée au Directoire départemental, ils demandèrent, dans ce style ampoulé si fort en honneur à cette époque, qu'on empêchât le rassemblement qui se faisait, le 26 juillet, à Sainte-Anne. « C'est, disaient-ils, quand les ennemis de la constitution inventent des crimes, pour replonger les peuples dans les fers honteux de l'esclavage, que les hommes libres et qui veulent toujours l'être, doivent tout employer pour déjouer les trames des séditieux et des fanatiques... Prévenir le mal est mieux faire que de le réparer. »

« Si, ajoutaient-ils, respectant encore d'ancie.s préjugés, vous ne vous portez pas à défendre le rassemblement de Sainte-Anne, au moins qu'une force suffisante s'y trouve, pour en imposer aux séditieux. »

Les séditieux, c'étaient les pèlerins qui priaient.

D'ailleurs, ces *Amis de la Constitution* avaient trouvé un remède plus radical encore :

« Transplantez les Carmes d'Auray au Port-Louis ou

---

[1] District d'Auray. Correspondance. — Archives du département du département du Morbihan.

ailleurs : sainte Anne ne sera pas fêtée par cinq ou six mille âmes; mais l'ordre ne sera pas troublé[1]. »

Le châtiment des *patriotes* ne se fit pas attendre. Dans une délibération, où l'ironie se mêle au dédain, le Directoire, « considérant que les signatures apposées à cette pétition lui sont aussi inconnues que les signataires, qui peuvent même n'être pas tous citoyens actifs, et qu'elle ne mérite conséquemment pas plus de foi ni d'égards qu'une pièce parfaitement anonyme[2], » rejeta la pétition, et les quatre-vingts signataires en furent pour leurs frais d'éloquence.

A cette époque, le Directoire reconnaissait que la conduite paisible des Carmes de Sainte-Anne n'avait pu donner lieu à aucune inquiétude ; leur expulsion d'un asile que leur assuraient les autorités, produirait, disaient-ils, un fâcheux effet sur l'esprit des populations.

Cependant les brigades voisines de la gendarmerie nationale furent requises pour les assemblées prochaines, *comme cela s'était toujours pratiqué jusqu'alors.*

Les citoyens de Lorient n'étaient pas satisfaits.

Escortés de deux compagnies de volontaires et de quelques brigades de gendarmerie, les *Amis de la Constitution* résolurent de se rendre à Sainte-Anne, le jour de la fête, pour y prêcher les nouveaux principes et y planter l'arbre de la liberté.

Leur entreprise échoua encore, grâce à la vigilance de la municipalité de Pluneret et au bon sens des membres du district d'Auray.

Dans la réunion du 19 juillet, le conseil, « *considérant que les citoyens qui se piquent d'aimer la patrie*

---

[1] Délibér. du Directoire, n° 551.
[2] *Idem*, fol. 158.

et la Constitution doivent connaître la loi, et, dans ces moments de crise, se complaire dans le calme, » défendit « *expressément aux patriotes de Lorient d'exécuter leur dangereux projet*[1]. »

Après cette nouvelle victoire, les pèlerins pouvaient croire à la liberté de la prière ; il est certain que si elle exista quelque part, au milieu des troubles et des scènes sanglantes de la Révolution, ce fut à Sainte-Anne d'Auray ; tant il est vrai que la foi courageuse du peuple obligeait les persécuteurs à lui laisser au moins une ombre de liberté.

La fête fut solennelle.

Plusieurs milliers de fidèles vinrent au pèlerinage, de quarante lieues à la ronde ; la tranquillité ne fut pas troublée, et les *fanatiques ne replongèrent* pas la patrie dans les *fers honteux de l'esclavage*[2].

Cette fête, au bord d'un avenir qui est pour nous un passé douloureux, a quelque chose de touchant : les Bretons venaient puiser la force aux pieds de leur Patronne, afin de traverser sans peur et sans reproche les jours sinistres de la Terreur.

La Révolution suivait la pente qui conduit à l'abime.

Privés de leurs biens, les Carmes avaient conservé leur monastère ; on leur enleva ce dernier asile. C'est du 20 au 26 septembre 1792 qu'ils furent chassés de la maison qui depuis 160 ans les avait abrités[3].

Alors la spoliation commença.

L'argenterie fut enlevée, le mobilier vendu ; le linge, les matelas, les couvertures distribués à l'armée et aux

---

[1] Reg. des délib. du conseil général d'Auray, fol. 65.
[2] District d'Auray Correspondance n°* 1565.
[3] Dist. d'Auray, Corresp., n° 1736.

hôpitaux militaires. Les fruits du jardin, que l'on commençait à piller, devaient être vendus, *en bloc ou en détail.*

Curieuse coïncidence ! les cloches, divers ustensiles de cuivre et une caisse de galons furent transportés à Nantes sur un chasse-marée de Carnac. Ce navire se nommait la *Sainte-Anne*[1].

C'est probablement à la même époque que de courageux habitants du village parvinrent à soustraire aux profanateurs la relique donnée par le roi Louis XIII.

Quand les commissaires du district d'Auray vinrent présider à la spoliation, l'orfèvre qui les accompagnait « prit la petite boite de verre qui contenait les susdites reliques, et la fixa attentivement. L'orfèvre l'ayant rompue, Pierre Le Boulaire vit quelque chose tomber ; s'étant approché, il reconnut que c'était deux morceaux de reliques, qu'il ramassa devant Salomon Le Labousse, Joseph Marin et François Jacob. »

Quand la persécution se fut un peu adoucie, un ancien religieux du couvent de Sainte-Anne, qui s'était chargé du précieux trésor, fit affirmer par les témoins la vérité des faits, et renferma, en leur présence, la relique dans une boite d'argent en forme de cœur[2].

Nous n'avons trouvé aucune pièce officielle concernant la destruction de la statue miraculeuse. « Elle fut d'abord sauvée, dit le Père Martin[3], par de dignes habitants d'Auray, qui la cachèrent, plus d'un an, en bravant la peine de mort. Ils se virent comme contraints, plus tard, de la

---

[1] *Id.*, nᵒˢ 1923, 1924, 1959, 1975, 2062, 2063.
[2] Déclaration du P. Jean Thomas, signée par les témoins et par un autre religieux. — Archives de l'évêché de Vannes.
[3] *Le pèlerinage de Sainte-Anne d'Auray*, p. 138, Vannes, Galles.

porter au dépôt des objets d'église. On l'en tira pour la livrer aux flammes, à Vannes ; mais Dieu permit qu'elle ne fût pas entièrement détruite, et l'on voit aujourd'hui, sous verre, dans le piédestal de la nouvelle statue une portion considérable de la tête de l'ancienne, sauvée par un habitant de Vannes. »

Au premier janvier 1793, le couvent était désert. Il ne renfermait plus « *d'objets appartenant à la nation, et il n'y avait de précautions à prendre que pour l'ouverture et la clôture de la chapelle, où l'on mettait encore des offrandes.* »

Un habitant de Sainte-Anne, qui avait les clefs de la maison, fut chargé de l'ouvrir de temps en temps, de faire vider, chaque semaine, le tronc de la chapelle et d'en remettre le montant au district.

Les pèlerins continuaient à visiter le sanctuaire, qui restait à leur disposition ; ce n'étaient plus, sans doute, les solennités, les fêtes joyeuses, les jouissances tranquilles qu'ils avaient connues autrefois. Mais, dans le temple dépouillé, la prière devait être plus fervente et la foi plus vive : la pauvreté des catacombes suffit au chrétien, quand son culte est proscrit.

Cet état de chose ne pouvait qu'être transitoire. Il changea bientôt.

Le 22 avril 1793, un citoyen de Port-Liberté afferme pour cinq ans l'enclos et la maison, à *l'exception de l'église et sacristie et la première cour d'entrée, qui seront libres au public.* Ce sont les termes du bail.

A la chapelle, les offrandes abondaient toujours. Dans un rapport qu'il fit au district d'Auray, le 29 vendémiaire, an III (20 octobre 1794), l'agent national annonce que la force armée, parcourant les campagnes, a *sauvé du nau-*

frage une somme de 3,504 livres 17 sols 6 derniers, qui provenaient, ce semble, en grande partie, de Sainte-Anne[1].

L'année suivante, la fête du 7 mars attira un nombre prodigieux de pèlerins. L'un d'entre eux, vêtu d'habits de paysan (c'était peut-être, dit le rapport, un prêtre déguisé), prenant la parole au milieu de la foule, parla longuement en breton sur la paix, sur l'union qui devait régner entre tous les citoyens et sur l'oubli du passé.

Les assistants l'écoutèrent avec attention, puis ils récitèrent ensemble des prières pour la paix[2].

Voilà comment se vengeaient ces chrétiens, après avoir eu leurs martyrs.

Malgré ce grand concours de fidèles, qui laissaient dans le sanctuaire d'abondantes aumônes, tout ne marchait pas au gré du district. Certains *particuliers*, peu discrets, possédant des clefs qui servaient à la fermeture des troncs et d'une porte latérale de la chapelle, s'étaient approprié le produit des offrandes, qu'ils employaient à leur guise. Aussi, après avoir signalé cet abus, le conseil du district, dans son arrêté du 4 thermidor an IV (22 juillet 1796), ordonna de changer les serrures et préposa un cultivateur de Sainte-Anne à la perception des offrandes. Chaque décade, il devait rendre ses comptes à l'administration.

Les sommes ainsi recueillies étaient employées au soulagement des pauvres du canton de Pluneret.

Pendant que ces choses se passaient, le fermier du couvent avait été soumis à bien des vicissitudes. On dirait un agriculteur improvisé, plein de beaux projets, et

---

[1] Reg. des délib. du district d'Auray.
[2] Transcription de la corresp. du dist. d'Auray, p. 114.

se promettant monts et merveilles ; mais ses illusions se dissipent, il tombe dans la plus profonde détresse.

Il essaie de se soustraire à certaines réquisitions ; on le le menace de l'y contraindre par la force.

Il demande des réparations ; le district les refuse. Aux yeux de l'administration, c'est un tracassier[1].

Sur ces entrefaites, le couvent, l'enclos et l'église furent vendus à un homme de loi, de Vannes, le 25 messidor an IV (13 juillet 1796)[2]. A cette époque, l'intérieur de la chapelle avait été dégradé en partie, les balustrades enlevées et le dôme de la tour menaçait ruine. Quelques objets, entre autres l'orgue de l'église et les livres de la bibliothèque, n'étaient pas compris dans cette vente.

Tout était réglé ; mais l'acquéreur se laissa déchoir, et le domaine resta entre les mains du citoyen de Port-Liberté.

C'était un spécialiste. Il remplit l'enclos de 35,000 plants de rhubarbe, et attendit avec sollicitude le résultat de son innovation. Il paraît que le succès ne répondit pas à ses espérances, quoiqu'il fît *sonner bien haut* les avantages de cette culture.

« Ce qui est bien plus certain, dit un rapport au ministre de l'intérieur (6 frimaire an V, 26 novembre 1796), que les précieux avantages de la rhubarbe, c'est que, depuis que ce citoyen est fermier de l'enclos de Sainte-Anne, si bien cultivé, si bien entretenu par les anciens possesseurs, il n'est plus reconnaissable, et que, chaque jour, il réalise le proverbe du pays : *Souviens-toi, lande, que tu es lande, et que tu retourneras en lande.* »

Plus tard, il demande, dans une lettre au préfet, 1,400

---

[1] Reg. des délib., 25 frimaire an V (15 déc. 1796).

[2] Actes de vente des biens nationaux, R. 32, fol. 71.

francs pour ferme de la chapelle depuis sept ans, puisqu'elle n'était pas exceptée dans le contrat de vente du 13 juillet 1796 ; et il ajoute : « Cette demande n'eût jamais eu lieu, si j'étais demeuré possesseur du domaine, parce que mon projet fut toujours de me désister de tous mes droits sur cette chapelle, en faveur du culte et des pauvres ; mais, dans la grande détresse où je suis réduit, je réclame, citoyen général préfet, et votre justice et votre bienveillance[1].

Quatre jours après, il se prépare à transporter à Paris sa récolte de rhubarbe, seul débris de sa fortune, et il félicite l'évêque de devenir possesseur du domaine[2].

Une nouvelle ère commence ; les prêtres sont revenus, les églises rouvertes ; le pèlerinage va retrouver ses jours de splendeur.

---

[1] Archives de l'évêché de Vannes.
[2] Idem.

IX

RENAISSANCE

Mgr de Pancemont et Mgr de Bausset. — Le Petit-Séminaire. — Pèlerinages de la duchesse d'Angoulême et de la duchesse de Berry.

Le domaine de Sainte-Anne appartenait, depuis le 29 ventôse an vi (19 mars 1798), à Mme de Grinoval d'Esquelbecq, bien que l'ancien fermier en continuât l'exploitation. Quand il partit, Mgr de Pancemont, évêque de Vannes, en devint le principal locataire[1]; puis, après des pourparlers qui durèrent longtemps, la propriété fut achetée, pour le diocèse, par M. Deshayes, curé d'Auray, qui trouva dans un généreux habitant de cette ville[2], un homme capable de le seconder.

C'était en 1810.

Cinq ans plus tard, Mgr de Bausset, voulant établir à Sainte-Anne le Petit-Séminaire diocésain, confia aux Jé-

[1] Arch. de l'Évêché.
[2] M. Barié.

suites cette œuvre de laquelle dépendait l'avenir. Sous la direction de ces maîtres habiles, l'établissement prospéra, jusqu'au jour où Charles X, subissant la pression de leurs ennemis, rendit ses Ordonnances, où le monopole universitaire était favorisé aux dépens de la liberté.

Obligés d'abandonner leur œuvre, les Pères de la Compagnie de Jésus furent remplacés à Sainte-Anne par des prêtres du diocèse. Le Petit-Séminaire fleurit toujours près de la statue miraculeuse.

Depuis le commencement du siècle, plusieurs chapelains, dont l'un, le P. Blouët, était un ancien provincial de l'ordre des Carmes, avaient été attachés au service de la chapelle. Après les années de tristesse, pendant lesquelles ils avaient dû faire violence à leur piété, les pèlerins aimaient à revoir leur vieux sanctuaire.

Il en vint d'illustres.

En 1823, ce fut la duchesse d'Angoulême, venue en Bretagne pour poser la première pierre du monument de la Chartreuse; le registre de la confrérie conserve sa signature : *Marie-Thérèse*, perdue au milieu d'une foule d'autres, parmi lesquelles nous remarquons celle de M. de Chazelles, alors préfet du Morbihan. C'est lui qui obtint de Louis XVIII, pour le Petit-Séminaire, le tableau qui orne encore la chapelle intérieure de cet établissement.

Œuvre remarquable de Couder, il représente la Vierge et l'Enfant-Jésus, accueillant les hommages de la jeunesse et de l'enfance.

Le 24 juin 1828, la duchesse de Berry visita aussi la célèbre chapelle. Elle fut reçue, avec les honneurs dus à son rang, par un vicaire général de l'évêque de Vannes et par le clergé du Petit-Séminaire. Après avoir assisté pieusement à la messe, elle fit don à l'église d'une lampe d'argent, qu'on voit encore aujourd'hui devant le maitre-autel, et voulut bien accepter, des mains du supérieur, un petit vaisseau en ivoire, pour le duc de Bordeaux, un chapelet orné d'une croix d'or et un exemplaire de l'ouvrage intitulé : *La gloire de Sainte-Anne*[1]. Avant de se retirer, elle inscrivit elle-même son nom : *Marie-Caroline*, dans le registre de la confrérie, qui contenait déjà celui de la duchesse d'Angoulême.

A partir de cette époque jusqu'à la construction de la Basilique, l'histoire du pèlerinage ne signale aucun événement remarquable, si ce n'est le passage de quelques hommes illustres, comme messieurs de Montalembert et Louis Veuillot, ou la visite de Napoléon III, en 1858.

Les fidèles continuent à visiter le sanctuaire, les solennités traditionnelles se succèdent, toujours magnifiques par la foi qui s'y montre et par le nombre des pèlerins. Mais le moment approche où Jésus facilitera l'extension du culte de son aïeule.

Après les difficultés du début, l'arbre a grandi, pendant plus d'un siècle ; en vain les persécuteurs ont essayé d'arrêter son accroissement mystérieux : après l'orage, il retrouve sa sève première et sa majestueuse beauté.

Nous allons assister à son entier épanouissement.

---

[1] D'après une note du P. Valentin, supérieur du Petit-Séminaire, dans le registre de la confrérie.

TROISIÈME PARTIE

LA BASILIQUE

1

LA PREMIÈRE PIERRE

Progrès de la dévotion. — Un désir de Nicolazic. — M⁽ʳ⁾ Dubreil et M⁽ʳ⁾ Gazailhan. — Le Concours. — L'évêque de Vannes. — Un prêtre quêteur. — Pose de la première pierre.

La piété de la Bretagne, si constante depuis deux siècles, les cérémonies touchantes qui attiraient, plusieurs fois par année, les enfants de sainte Anne dans son vieux sanctuaire, ne suffisaient pas à sa gloire.

L'industrie humaine allait venir en aide aux desseins de Dieu.

Quand le chemin de fer sillonna notre Bretagne, entraînant à travers nos landes le progrès matériel, il entraîna aussi aux pieds de notre Patronne des foules de pèlerins. Ils vinrent, non plus seulement de tous les points de notre province, mais de la France entière, et la modeste chapelle, où tant de générations avaient prié, ne pouvait contenir les multitudes qui se pressaient aux pieds de la statue miraculeuse.

Nicolazic aurait voulu bâtir, en l'honneur de sa Bonne Maîtresse, une église *grande comme une cathédrale*[1] ; il semble qu'il ait eu un pressentiment des merveilles qui qui devaient s'accomplir de nos jours, car la tour massive du sanctuaire qu'il éleva était sans proportion avec l'humble édifice qu'elle paraissait écraser.

Un vieil auteur écrivait, vers la même époque, ces paroles remarquables : « Peut-être verra-t-on, un jour, cette chapelle, ainsi qu'il est arrivé à quantité d'autres semblables, changée en une magnifique église, comme étant véritablement trop simple et trop petite, tant pour la célébrité du lieu que pour la multitude de pèlerins qui s'y rendent[2]. »

Sainte Anne exauça ce désir et réalisa ces vœux.

C'était en 1865. Mgr Gazailhan, à peine sur le siège de Vannes, voulut mettre à exécution l'idée de son prédécesseur[3], et, par une lettre pastorale qui restera comme un événement dans les annales du pèlerinage, il décréta la reconstruction de la chapelle.

Les ressources étaient modiques ; mais c'était une œuvre nationale : l'évêque comptait sur la protection de sainte Anne et sur la charité de ses enfants.

Cette espérance ne fut point trompée

Sans doute, il était permis de regretter l'humble sanctuaire auquel se rattachaient tant de souvenirs. Chacun de nous y avait prié, enfant; plusieurs y avaient trouvé la lumière qui éclaire sur l'avenir; tous y avaient goûté de ces émotions qui fortifient le cœur et embellissent la vie.

---

[1] *Grandeurs de sainte Anne.*
[2] *Gloire de sainte Anne*, ch. XII.
[3] Mgr Dubreil, mort archevêque d'Avignon.

Mais les raisons de sentiment cédaient devant la nécessité. D'ailleurs, bâtir à sainte Anne un temple magnifique, n'était-ce pas la glorifier encore ? Aussi le projet de l'évêque fut-il accueilli avec enthousiasme. Dans cette circonstance, la voix du peuple fut vraiment un écho de la voix de Dieu.

Après un concours, remarquable par le nombre et le mérite des plans, un jeune architecte, déjà connu par ses brillants succès, fut chargé de bâtir le nouveau sanctuaire. Travailleur infatigable, homme de goût et de science, M. Deperthes a mené à bien sa grande entreprise ; même après la reconstruction de l'Hôtel de Ville de Paris, la Basilique de Sainte-Anne sera pour lui un titre de gloire.

Quelque temps après, Mgr Gazailhan, atteint d'une maladie mortelle, fut obligé de se démettre de son siège. Mais son idée était féconde : elle continua de grandir, et, le 7 janvier 1866, M. Fouchard, vicaire capitulaire, bénit la première pierre de la nouvelle église

Cette cérémonie tout intime n'était que le prélude de la grande solennité qui eut lieu quelques mois plus tard.

Le diocèse de Vannes avait un nouveau pasteur. Breton et Morbihannais, Mgr Bécel était l'enfant de sainte Anne ; cette œuvre devint son œuvre, et il sut trouver un homme capable de le seconder. M. l'abbé Guillouzo, premier chapelain du pèlerinage, fut chargé de recueillir les ressources nécessaires pour l'achèvement de cette entreprise. Dès lors, une seule pensée a occupé sa vie ; résigné à toutes les déceptions, bravant toutes les fatigues, il a parcouru, pendant plusieurs années, les paroisses du diocèse et les principales villes de la Bretagne, demandant au nom de sainte Anne, recueillant l'or du riche et l'obole du pauvre, s'oubliant lui-même, pour ne penser qu'à Celle qui l'envoyait.

Les ressources sont venues, au jour le jour : sainte Anne était là, bénissant son missionnaire, et le succès a couronné la sainte hardiesse des Bretons qui comptaient sur Dieu.

Dès le début, ils voulurent affirmer leur foi. Aussi, quand Mgr l'archevêque de Rennes posa la première pierre *liturgique* du beau monument, le 4 septembre 1866, la joie fut grande dans le pays tout entier. Prêtres et fidèles se pressaient en foule près de l'église naissante, dont on pouvait contempler déjà les grandes lignes et les magnifiques proportions.

Ce fut pour le pèlerinage la première de ces manifestations nationales et chrétiennes qui s'y sont succédé depuis.

II

LE COURONNEMENT

Reine de la Bretagne. — Les Couronnes. — Soixante mille pèlerins. — M. l'abbé Freppel. — Pendant la tempête. — Le moment solennel. — La Fête du soir. — L'Anniversaire.

De toutes ces solennités, la plus belle fut le couronnement de la statue de sainte Anne.

Depuis deux siècles, notre Patronne, attirant à ses pieds tous les enfants de la Bretagne, avait affirmé son pouvoir par des prodiges, sa bonté par des faveurs ; les Bretons étaient fiers de reconnaitre sa maternelle royauté. Mais ce n'était pas assez pour leur amour ; il faut une couronne aux reines, et la statue de sainte Anne n'avait pas encore reçu de l'Église ce signe royal de sa puissance.

Mgr Bécel fut, près de Pie IX, la voix de la Bretagne ; longtemps les congrégations romaines hésitèrent : jamais pareil privilège n'avait été accordé, si ce n'est aux statues de la sainte Vierge. Mais la foi bretonne insista ; le Souverain Pontife se laissa fléchir, et l'Évêque de Vannes put annoncer enfin que la statue miraculeuse de sainte Anne et celle de la sainte Vierge seraient couronnées, le 30 septembre 1868.

A cette nouvelle, ce fut dans toute la Bretagne un véritable enthousiasme. La pauvreté de Pie IX ne lui permettait pas d'offrir les couronnes ; les dames bretonnes donnèrent des pierreries et de l'or ; un artiste habile fut choisi[1], et son art, transformant les dons de la foi, réussit à en faire un chef-d'œuvre.

Le grand jour arriva.

La vieille chapelle s'élevait encore au milieu des vastes constructions de l'église inachevée ; mais son étroite enceinte ne pouvait contenir que quelques centaines de personnes, et l'on comptait sur des milliers de pèlerins. Le vaste enclos du Petit-Séminaire, avec ses allées magnifiques et son immense prairie, offrait, pour la solennité, un admirable emplacement.

Un prêtre du diocèse, dont l'habileté est connue de tous aujourd'hui, sut transformer ce vaste espace en un splendide amphithéâtre, véritable monument d'architecture simple et riche à la fois, où le bon goût s'unissait à la grâce pour former l'ensemble le plus harmonieux. Sur une immense estrade réservée au clergé, s'élevait celle des évêques, décorée de tentures et d'armoiries, et dominée par le portrait de Pie IX, surmonté de la tiare et des clefs. En face, à une distance de 100 mètres, un arc triomphal portait cette inscription : *Unus pastor, unum ovile* ; de chaque côté, sous les arbres, s'étendaient des gradins destinés aux congrégations religieuses ; et pour relier le tout, des mâts vénitiens, des colonnes, des arcades portant

---

[1] M. Désury, de Saint-Brieuc.

Couronne de sainte Anne.

Couronne de la sainte Vierge.

des trophées, des banderolles, des écussons, des guirlandes et les invocations des litanies de sainte Anne, poème suave où l'Église chante la gloire de notre Patronne.

Tout était prêt ; l'on n'attendait plus que le moment solennel. Déjà le petit village était rempli d'une foule immense de pèlerins ; ils venaient de tous les points de la Bretagne et des pays environnants, de toutes les parties de la France.

Notre province surtout fut magnifique, digne d'elle et de sainte Anne. Les pèlerins affluaient dès la veille ; le jour de la fête, ils arrivaient par grandes bandes, priant et chantant. Le chemin de fer en transportait un grand nombre et les routes étaient sillonnées de véhicules de toutes sortes, depuis la luxueuse voiture du citadin jusqu'à l'humble char à bancs du laboureur.

Pourquoi s'étonner de cette commotion qui, ébranlant la Bretagne, la poussa, émue et joyeuse, aux pieds de sa Patronne? Quand l'enthousiasme déborde, quand l'émotion envahit l'âme, le sang afflue au cœur et le fait bondir.

Sainte-Anne est le cœur de la Bretagne.

Malheureusement, la température ne secondait pas ce merveilleux empressement : une furieuse tempête menaçait d'éclater. Pourtant tout était prêt, et la foule saintement impatiente se pressait dans l'enclos du Petit-Séminaire. La tempête ne peut effrayer les Bretons.

A neuf heures, la procession se met en marche et se dirige vers le lieu du couronnement. C'est bien ici que nous pouvons redire avec le poète populaire :

> Il n'eût pas été Breton dans son cœur,
> Qui n'eût, ce jour-là, pleuré de bonheur,

en contemplant le magnifique spectacle qui se déroula sous nos yeux, quand tout le monde eut pris place dans la vaste enceinte. Sur l'estrade supérieure, six évêques bretons: NN. SS. Saint-Marc, archevêque de Rennes ; Bécel, évêque de Vannes; Sergent, évêque de Quimper ; David, évêque de Saint-Brieuc ; Nogret, évêque de Saint-Claude ; de la Hailandière, ancien évêque de Vincennes (États-Unis). Plus de mille prêtres, venus non seulement de la Bretagne, mais de l'Anjou, de la Vendée, de Paris, d'Orléans, de Blois, se pressaient sur l'estrade inférieure ; des représentants de la magistrature et de l'armée, des députés, le délégué du préfet et d'autres personnages appartenant à des administrations diverses, occupaient les places réservées. Puis venaient les congrégations religieuses, les paroisses avec leurs bannières et une multitude innombrable de pèlerins.

En ce grand jour, sainte Anne a vu passer aux pieds de sa statue plus de soixante mille de ses enfants.

Quand tout le monde fut en place et que les évêques se furent assis sur leurs sièges, M. l'abbé Freppel[1], doyen de Sainte-Geneviève, professeur d'Éloquence sacrée à la Sorbonne, prononça un remarquable discours, qui est aujourd'hui répandu partout.

Qu'est-ce qu'un pèlerinage ? Qu'est-ce que le pèlerinage de Sainte-Anne ? Tel est le plan qu'il développa avec cette hauteur de vues et cette ampleur de style qui le distinguent.

L'orateur n'avait pas terminé la première partie de son discours que la pluie tomba par torrents ; ruisselant dans la tribune improvisée qui n'avait pour abri qu'une légère tenture, il continua néanmoins à parler, et la foule

---

[1] Aujourd'hui évêque d'Angers.

l'écoutait silencieuse, oubliant la tempête pour ne penser qu'à la parole de Dieu.

Enfin le moment solennnel est arrivé. Après la lecture du Bref de Pie IX, l'évêque de Vannes, représentant le Souverain Pontife, bénit les couronnes, et entouré des autres prélats, qui s'unissent à lui pour les soutenir et les montrer au peuple, il les dépose sur le front de sainte Anne et de la très sainte Vierge.

Un magnifique silence planait sur l'immense assemblée ; puis, quand les statues apparurent, portant leurs splendides diadèmes, ce fut dans tous les cœurs un frémissement de joie. La piété bretonne était satisfaite, puisque sainte Anne resplendissait aux yeux de tous avec les attributs d'une reine.

Quelques heures plus tard, la même foule était réunie au même lieu. La tempête s'était apaisée ; de toutes les âmes montèrent vers le ciel les actions de grâces les plus ferventes, quand l'archevêque de Rennes nous parla, dans un langage éloquent et simple à la fois, des bienfaits de sainte Anne, qui semblent grandir avec les honneurs qu'on lui rend.

Après ces touchantes paroles, une voix forte commença les acclamations solennelles qui traduisaient si bien les sentiments de tous. La très sainte Trinité, la Vierge sans tache, sainte Anne, le Souverain Pontife, les évêques et la Bretagne furent acclamés tour à tour ; puis, après la bénédiction du Saint-Sacrement, tous les prélats, debout dans la splendeur des ornements sacrés, levèrent la main pour bénir la foule : tous les fronts se courbèrent, tous les cœurs s'unirent dans une même prière, et de toutes les lèvres jaillit le chant sublime du *Te Deum*, pendant lequel la procession se mit en marche pour revenir au sanctuaire.

La fête religieuse était terminée.

Mais elle eut son prolongement le soir : pour renouer les anciennes traditions, un magnifique feu d'artifice vint rappeler aux enfants de sainte Anne les clartés miraculeuses par lesquelles elle aimait à se manifester.

Grâce au talent si connu d'un artiste breton[1], cette distraction devint une véritable jouissance.

« Chaque année, dit un vieil historien du pèlerinage, les beaux feux d'artifice que l'on y fait, entre autres choses, la veille de la fête, en signe d'allégresse de la gloire que possède notre Sainte, font pleuvoir sur tout ce lieu des étoiles et des flambeaux en abondance. »

Ils furent tous éclipsés par celui du couronnement, et les pèlerins saluèrent de leurs applaudissements redoublés l'image glorieuse de sainte Anne et celle de la Vierge écrasant le serpent infernal qui se tordait à ses pieds.

Cette solennité, dont le souvenir ne s'effacera jamais du cœur des Bretons, se prolongea pendant huit jours ; le vieux sanctuaire vit accourir de nombreux pèlerins, avides de se prosterner aux pieds de sainte Anne, et de contempler le diadème qui couronne son front.

Une colonne de granit surmontée d'une statue de la Sainte indique aux pieux visiteurs le lieu du couronnement.

Chaque année, on s'y rend processionnellement, le 30 septembre, pour raviver le souvenir de la grande manifestation, dont le premier anniversaire surtout rappela les splendeurs.

---

[1] M. Kervella.

Monseigneur d'Avignon, accompagné de l'évêque de Vannes et de l'abbé de la Trappe de Thymadeuc, présida la solennité, au milieu de quinze à vingt mille pèlerins.

Ces beaux jours passent, mais leur souvenir reste, et une grande leçon a été donnée au monde. Nos adversaires comparent ces élans de la vie catholique aux convulsions de l'agonie. Ils se trompent. Les sophistes ont beau crier ; le *Credo* catholique couvrira leur clameurs, et le monde comprendra enfin que la vérité se trouve, non dans les abimes où règnent les ténèbres, mais sur les hauteurs lumineuses où rayonne la Croix.

III

JOURS D'ÉPREUVES [1]

La foi des braves. — Pèlerinages. — Consécration du diocèse à sainte Anne. — L'apparition de Pontmain. — Nos soldats. — Les marins de Vannes. — Le 8 décembre 1872. — Actes de foi.

Deux ans après cette solennité, nous retrouvons la Bretagne aux pieds de sainte Anne. Elle prie toujours, mais elle pleure.

On sait comment cette province, après avoir perdu son indépendance, lutta pour défendre ses privilèges et ses franchises. Cette fierté nationale ne l'a pas empêchée de rester fidèle à la mère patrie. Dans la prospérité, c'était un vassal qui réclamait ses droits ; dans le péril commun, c'est un soldat qui prodigue son sang.

Nous l'avons bien vu. Quand l'ennemi envahit la France, les Bretons se levèrent, prêts à combattre et à

---

[1] Les faits que contient ce chapitre ne sont que des épisodes dans l'histoire du pèlerinage. Nous les conservons néanmoins, car ils montrent comment, en des jours de deuil, un peuple croyant sait manifester sa foi.

mourir, joignant à la valeur française l'énergie qui les distingue et leur foi de chrétiens.

On a voulu mettre en doute leur courage, après avoir tout fait pour les démoraliser et les abattre ; mais une parole éloquente, réfutant toutes les accusations menteuses, a vengé leur honneur [1].

Les Bretons sont braves parce qu'ils ont la foi.

Dès que la guerre fut déclarée, les soldats qui allaient partir vinrent à sainte Anne, en grand nombre, pour lui demander de les fortifier et de les protéger. D'autres, empêchés d'accomplir le pèlerinage, se recommandaient dans leurs paroisses à sa maternelle protection.

A mesure que le danger croissait, lorsque les nouvelles les plus douloureuses arrivaient coup sur coup, il était touchant de voir, aux pieds de sainte Anne, cette affluence de mères qui pleuraient, de jeunes hommes chrétiens qui partaient, résignés et calmes, bien décidés, s'ils ne pouvaient faire triompher la France, à lui conserver au moins son honneur.

Sur les champs de bataille ils montraient la même foi.

Au milieu des épreuves, lorsque les uns mouraient et que les autres partaient pour les remplacer, les pèlerinages continuaient à Sainte-Anne.

Ce peuple chrétien, comprenant qu'à l'heure du péril il fallait invoquer un secours plus puissant que les canons que l'on brise, accourait au saint pèlerinage, et donnait à notre âge incrédule des exemples dignes des plus beaux siècles de ferveur.

Les Bretons aiment à se réunir autour de leur Patronne : elle est le centre, parce qu'elle est l'espérance.

[1] *Le Camp de Conlie*, par M. de la Borderie, député d'Ille et Vilaine.

Mais ces manifestations, si belles déjà, ne suffisaient pas au zèle de l'évêque de Vannes ; il voulut que notre foi s'affirmât par un acte plus solennel, et que le diocèse de sainte Anne lui fût attaché par une nouvelle consécration. Un simple appel suffit ; le 19 décembre 1870, dix mille pèlerins et plus de 150 prêtres étaient réunis près de la colonne commémorative du couronnement.

La foi transporte encore les montagnes.

Tant de prières ont-elles été vaines, puisque la France, vaincue et humiliée, a dû subir le joug de son vainqueur ? Non. Ces supplications ferventes hâteront le moment de la régénération : la Bretagne en a déjà ressenti les heureux effets.

La Vierge immaculée et son auguste Mère sont unies dans le Ciel par une ineffable tendresse, et les enfants de sainte Anne sont aussi les enfants de Marie.

En apparaissant dans un village inconnu, sur les confins de la Bretagne, ne semblait-elle pas dire que le vainqueur respecterait le domaine de sa mère ?

Le sol breton n'a pas été touché par l'envahisseur, et, quelques semaines après l'apparition de Pontmain, la France signait le traité de paix du 26 février 1871.

Cette paix si chèrement achetée fut troublée, quelques semaines plus tard, non plus par des étrangers, mais par des Français, qui ajoutèrent la honte aux humiliations de la patrie.

Pendant la Commune, les soldats bretons firent encore noblement leur devoir.

Sainte Anne les protégeait.

Aussi, quand, rentrés dans leurs foyers, ils voulurent lui payer la dette de leur reconnaissance, le spectacle qu'ils donnèrent au monde fut digne de leur Patronne et de leur foi.

Les zouaves pontificaux (volontaires de l'Ouest) vinrent les premiers (28 mars 1871). Après avoir combattu sous le drapeau de la France, avec le même héroïsme que sous le drapeau de l'Église ; après avoir forcé l'impiété à reconnaitre des héros dans les *mercenaires* d'autrefois, ils s'agenouillèrent humblement aux pieds de sainte Anne, proclamant, sans respect humain, l'alliance de l'épée et de la Croix.

Ce n'était pas assez pour les Bretons.

Pendant que la France suivait avec effroi les progrès du vainqueur, ils avaient demandé, par l'intercession de leur Patronne, d'être préservés de l'invasion. Le moment de l'action de grâces était venu.

Le lundi de Pâques de cette même année, plus de dix mille pèlerins se pressaient autour du sanctuaire ; la procession fut une marche triomphale ; des soldats de différents corps portaient la statue de sainte Anne, suivis d'un grand nombre de leurs braves compagnons.

Au pied de la Scala-Sancta, parée pour la circonstance, s'ouvrait une vaste enceinte où se placèrent le clergé et les soldats de toutes armes accourus à la solennité. Les uniformes se mêlaient, de même que les cœurs étaient unis dans une même pensée de gratitude et d'amour.

Tous prièrent pour l'Église persécutée, pour la France malheureuse, tous donnèrent un souvenir à ceux qui ont péri sur les champs de bataille, et aux tombes lointaines de nos prisonniers.

Dans tous les cœurs, la prière faisait naître l'espérance.

Le grand acte de remerciement était accompli ; mais bien des braves qui n'avaient pu prendre part à la solennité, tinrent à honneur de proclamer, eux aussi, la puissance de sainte Anne.

Le jour de sa fête (26 juillet 1871), vers sept heures du matin, on eût pu voir, sur la route qui conduit de la gare au sanctuaire, un groupe de pèlerins s'avancer recueillis, le chapelet à la main, et priant.

C'était le général de Cathelineau accompagné de son état-major ; ils venaient accomplir un vœu.

Honneur à ces soldats chrétiens ! Quand on récite le chapelet, quand on porte sur sa poitrine l'image du Sacré-Cœur, on peut être vaincu, écrasé par le nombre ; mais de telles défaites sont glorieuses : ce courage et cette piété sont les germes de la victoire.

Ces manifestations ne furent pas les dernières. Parmi les pèlerins, on put voir le général de Sonis, dont la France entière a acclamé l'héroïsme ; le général de Charette, qui porte noblement un nom illustre, vrai type du Breton, avec son mâle courage, sa franchise et sa foi.

Bien d'autres sont venus encore.

Les marins imitèrent l'exemple de nos soldats, et le quartier maritime de Vannes voulut prouver sa reconnaissance à Celle que nous appelons le salut des navigateurs.

Après s'être mis avec leurs familles sous sa protection maternelle, sept cent huit marins de cette partie du littoral avaient supporté, comme leurs frères de l'armée, les fatigues de la guerre ; même courage, même foi. Au début des hostilités, ils prirent part à l'infructueuse campagne de la Baltique et de la mer du Nord ; ensuite ils combattirent sur terre, les uns dans les forts qui protégeaient Paris, les autres dans les corps d'armée des généraux d'Aurelles de Paladine, Faidherbe, Bourbaki. « Il est de notoriété que ces intrépides marins ont fait vaillamment leur devoir et que leur conduite est aujourd'hui l'objet de l'admiration générale. Et pourtant pas un seul n'a été tué ; deux seulement furent blessés et deux autres faits prisonniers »

« La protection de la puissante Patronne des Bretons est donc manifeste[1]. »

Aussi l'idée de lui offrir un ex-voto fut-elle accueillie avec transport ; chacun voulut fournir sa cotisation, et le talent d'un artiste breton exprima le souvenir de leur reconnaissance, dans une toile remarquable que l'on voit aujourd'hui devant l'autel de la dévotion. Au premier plan, deux matelots portant le drapeau de la France foulent aux pieds des boulets et le drapeau rouge, qui rappellent l'invasion et la Commune ; plus loin un combat près de Paris en flammes, souvenir de nos désastres ; puis, dans le lointain, se dressent les clochers des paroisses maritimes, et sainte Anne bénit du haut du ciel le pays qu'elle a protégé.

Ainsi nos marins et nos soldats s'unissent pour prier, comme ils savent s'unir pour combattre. Qu'ils gardent cette foi ! Qu'ils ne séparent jamais l'épée de la croix ! Seule, l'épée ne fait que des cadavres ; avec la croix, elle devient l'instrument de Dieu.

Lorsque la France, rendue au calme, put contempler la profondeur de sa chute et les difficultés de l'avenir, un sentiment de patriotisme et de foi poussa les âmes chrétiennes à demander avec ardeur le secours du ciel. Les prières furent plus ferventes, les sanctuaires plus fréquentés ; des pèlerinages s'organisèrent, et des millions de voix françaises firent entendre le cri du repentir et de l'espérance.

Sainte Anne ne fut pas oubliée.

---

[1] Lettre de M. le Commissaire de l'inscription maritime, à Vannes (*Semaine religieuse.*)

La Bretagne entière voulut, par une manifestation solennelle, implorer une fois encore sa protection puissante et protester, à ses pieds, de son attachement aux traditions que lui ont léguées ses ancêtres. Entre les différents diocèses de la Bretagne l'entente fut facile ; c'était partout le même enthousiasme, le même amour. Partout on se préparait, partout on attendait avec impatience le grand jour du pèlerinage.

Il eut lieu le 8 décembre 1872.

Comment redire les splendeurs de cette solennité, la piété de la foule ? Ce fut une explosion de foi. Les évêques de Bretagne étaient là, heureux et charmés, montrant à leurs ouailles comment il faut prier pour faire violence au Ciel

Qu'on était loin alors des mesquines rivalités qui agitent le monde ! Tout un peuple uni, avec ses Évêques, au Pape, à l'Église, à Dieu ; tout un peuple jurant de résister au torrent qui entraîne les peuples, et de lutter, avec sainte Anne, pour les droits imprescriptibles de la vérité ! Il y avait dans cette scène admirable comme un écho de la primitive Église, alors que les chrétiens juraient de tout braver pour rester fidèles à Dieu [1].

Le diocèse de Saint-Brieuc, qui n'avait pu s'unir à la manifestation du 8 décembre, ne voulut pas rester en arrière des autres diocèses bretons. Le 14 et le 15 avril 1873, il envoyait à Sainte-Anne plus de vingt mille pèlerins, conduits par Mgr David, dont l'éloquente parole fut un des charmes de ces solennités.

Comme leurs frères, ils furent vraiment Bretons : c'e tout dire. Leurs bannières splendides, leurs cantiques

---

[1] Ce jour-là, sainte Anne vit passer plus de quarante mille pèlerins

quatorze mille communions prouvent leur enthousiasme et leur foi.

On peut dire que les Bretons ont été unanimes à affirmer leur croyance. Dans cette série de pèlerinages c'était bien la catholique Bretagne, protestant avec énergie qu'elle n'abjure point son passé, et redisant, à la face du monde, ces paroles qui retentissent dans toutes nos fêtes :

> Pour montrer à la terre
> Que nous croyons au Ciel,
> Notre Bretagne est fière
> D'entourer ton autel.

Un peuple qui croit au ciel n'est pas près de tomber : il a pour lui l'avenir.

Vers la même époque, la petite paroisse de Pontmain envoyait, des confins du Maine, une députation des enfants de Marie au sanctuaire de notre Patronne. Les privilégiés de la Reine de l'Espérance venaient prier celle qui l'a donnée au monde.

La procession fut touchante.

Près de la statue de sainte Anne, on voyait celle de Notre-Dame de Pontmain, portée par les quatre enfants qui furent témoins de la merveilleuse apparition.

Ce rapprochement montrait que la piété catholique n'est pas exclusive, comme se l'imaginent parfois les impies. Le cœur du chrétien est assez grand pour aimer les hommes, les saints et Dieu.

IV

LA SOUSCRIPTION

Le quêteur. — Dans les paroisses. — Une pierre — La poule de l'Arzonnaise. — Offrande d'un chasseur. — L'Ile d'Arz. — Aux halles de Lorient. — Par delà les mers.

Ce grand concours de pèlerins, cette foi vive, cet amour pour sainte Anne montrent assez que le culte de leur Patronne est devenu pour les Bretons comme une habitude nationale, en même temps qu'un intime besoin du cœur. On ne s'étonnera donc pas du joyeux empressement avec lequel ils ont coopéré à l'œuvre de la réédification de l'église.

Sainte Anne avait trouvé l'homme qu'il fallait pour remplir cette mission importante. De même qu'elle soutenait autrefois Nicolazic, elle le soutint aussi dans ses longues pérégrinations. Les ressources manquaient : quelques milliers de francs en caisse, c'était tout ; l'immensité de la tâche n'effraya pas le quêteur.

Fort de la bénédiction de son Évêque, et comptant sur l'appui de sainte Anne, M. l'abbé Guillouzo se mit coura-

-geusement en route, au commencement de 1867. C'est au diocèse de Vannes qu'il s'adressa tout d'abord. Chaque dimanche, chaque jour de fête, il visitait une paroisse, prêchant, exhortant, parlant toujours de sainte Anne.

Rien ne l'effrayait ; les rigueurs de l'hiver et le mauvais état des routes ne l'empêchaient pas de se rendre d'un bourg à l'autre pour redire partout les grandeurs de Celle qui l'envoyait.

Les populations se pressaient pour l'entendre.

Du haut de la chaire, il exposait, en termes simples mais inspirés par le cœur, la grandeur de l'Œuvre, la puissance de sainte Anne, prouvée par tant de prodiges, les avantages innombrables d'un tel acte de foi.

On lui répondait par des larmes ; traversées par un courant surnaturel, les âmes étaient pleines d'un saint enthousiasme : Dieu voulait que sainte Anne fût honorée.

Dans chaque paroisse, des personnes, choisies parmi les plus notables, continuaient l'œuvre de l'apôtre, en parcourant chaque quartier pour demander à tous, aux pauvres comme aux riches, l'offrande de l'affection filiale.

Demander, c'était un honneur ; donner, c'était une joie.

Toutes les paroisses, animées d'une noble émulation, rivalisaient d'ardeur dans cette lutte de générosité. Les offrandes, réunies par chaque recteur, étaient adressés à la Direction de l'œuvre, et l'église se bâtissait.

Dans le même temps, les pèlerins furent témoins plusieurs fois d'un curieux et édifiant spectacle. Une longue file de charrettes, chargées de grandes pièces de bois, se dirigeaient vers le Petit-Séminaire : c'étaient des dons pour la charpente de l'église.

Il en venait de tous les bourgs, de dix lieues à la ronde. Avant le départ, tous les paysans se réunissaient à l'église, sous la direction du chapelain, qui priait avec eux sainte Anne de bénir leur retour ; et ils se mettaient en marche, pleins d'entrain, fiers de la mission qu'ils venaient de remplir. C'était encore une fête de la charité.

Pendant plus de trois ans (1867, 68, 69 et 70 jusqu'au mois de juillet) l'intrépide quêteur continua ses courses à travers le diocèse. Les malheurs de l'époque l'obligèrent de les suspendre ; mais son œuvre n'était pas achevée, et, quand la France eut retrouvé un peu de calme, il les reprit, à l'automne de 1872, pour ne les terminer qu'en 1874, vers le milieu du printemps.

Cette manifestation fut un triomphe pour sainte Anne ; elle montra aussi, d'une manière touchante, l'amour dévoué de ses serviteurs. Si l'on pouvait soulever les voiles dont la modestie a couvert tant d'actions généreuses, combien ne trouverait-on pas de sacrifices admirables, d'autant plus beaux qu'ils s'ignoraient eux-mêmes ! On formerait une gerbe magnifique de tous les traits de générosité naïve et simple que l'histoire de la souscription peut fournir.

Bien que la charité se dérobe aux regards des hommes, son parfum la trahit quelquefois, et nous sommes heureux de cueillir quelques épis dans cette abondante moisson.

On quêtait dans une paroisse du diocèse de Vannes :

— C'est de bien grand cœur, disait une paysanne, que je donnerai mon offrande pour une œuvre si belle.

Et elle tendait vingt francs à la quêteuse.

— Mais c'est trop, lui dit-on ; une telle générosité sera pour vous une gêne ; cinq francs suffiraient....

— Peut-être : mais n'avez-vous pas entendu que chacun doit apporter sa pierre à la nouvelle église ? il faut bien vingt francs pour cela. Je veux donner ma pierre.

N'est-ce pas là une simplicité naïve qui n'exclut pas la grandeur ?

— Une vieille femme d'Arzon fit, pour donner son offrande, un sacrifice plus héroïque encore. Elle n'avait pas d'argent ; mais elle avait une poule ; c'était toute sa fortune. Le quêteur arrive. Elle n'hésite pas ; la poule est vendue, et l'offrande de la pauvre Arzonnaise va grossir le trésor de la souscription.

A une autre extrémité du diocèse, un jeune homme voulait aussi contribuer à la bonne œuvre. Il n'avait rien, mais la charité est ingénieuse. Comme c'était un chasseur habile, il prit son fusil et s'enfonça dans les montagnes. Quelques jours après, il remettait à son recteur une somme de vingt-sept francs, produit de la vente d'un chevreuil et d'un lièvre qu'il avait tués.

Dans le golfe du Morbihan, se trouve une île, habitée par une population simple et bonne, qui n'a pour vivre que la mer et quelques champs de blé. L'hiver s'annonçait triste et rude, et le pieux recteur de l'Ile-d'Aix souffrait des souffrances de son petit troupeau. Mais il savait que donner à sainte Anne, c'est prêter à Dieu ; et il écrivit au chapelain : « Venez ! nous mourons de faim ; sainte Anne nous sauvera... » Comment résister à une telle prière ? Les habitants prirent sur leur nécessaire pour fournir une généreuse offrande, la mauvaise saison s'écoula moins sombre, et l'île put, sans trop de peine, atteindre les beaux jours.

Lorient donna aussi un bel exemple. Quand l'infatigable apôtre se présenta aux halles, ce fut un véritable enthousiasme. Sous son écorce un peu rude parfois, cette population, adonnée à un modeste négoce, cache souvent un cœur d'or. Dès que le prêtre parut, un mot d'ordre circula dans tous les étalages, et chacun voulut offrir à la souscription la première vente de la journée. Les poissons, les crêpes, les œufs..., tout fut consacré à sainte Anne, qui dut accepter avec bonheur ces prémices si simplement et si joyeusement offertes.

Ce n'était pas assez pour M. Guillouzo de parcourir, chaque dimanche, les paroisses du diocèse ; pendant la semaine, il se rendait dans les principales villes des diocèses voisins, pour demander et recevoir encore. Les évêques encourageaient son zèle, les populations écoutaient sa parole, et tous suivaient l'exemple du Morbihan qui avait donné le signal.

L'église de Sainte-Anne est surtout l'œuvre de la foi bretonne ; chaque diocèse breton voulut y être représenté par un magnifique autel.

C'est pour nous un devoir de remercier spécialement le vénérable archevêque de Rennes, dont Pie IX a récompensé, en le décorant de la pourpre, la vie toute de dévouement à l'Église et au bien[1]. Il a travaillé au succès de l'œuvre, en lui prodiguant ses encouragements et ses dons, avec une bienveillance et une générosité que sainte Anne peut seule reconnaître dignement.

Ses diocésains marchèrent sur ses traces, et l'on vit de pieuses dames gravir, bien des fois, plusieurs étages, pour adresser, même aux plus pauvres, la requête de la charité.

L'une d'elles racontait, les larmes aux yeux, le trait suivant, que je me reprocherais de passer sous silence :

C'était dans une pauvre mansarde. Une vieille femme n'avait que *trois sous* pour toute richesse :

---

[1] S. E. le cardinal Saint-Marc. En lui succédant sur le siège de Rennes, Mgr Place, aujourd'hui cardinal, a hérité de son amour pour sainte Anne, et plusieurs fois il a donné à l'OEuvre des preuves de sa générosité.

— En voilà *deux* pour sainte Anne, dit-elle à la quêteuse ; un seul suffira pour mon dîner.

Une telle parole n'a pas besoin de commentaires ; ces deux sous pèsent plus que bien des trésors.

A mesure que l'œuvre était plus connue, les offrandes affluaient. Il en vint de Paris et de tous les points de la France, de la Belgique, de Rome, où les pères du Concile offrirent un autel pour la Basilique ; et, franchissant la mer, la souscription trouva dans les îles et les cités du Nouveau-Monde des cœurs généreux, avides de contribuer à la gloire de la Mère des Bretons.

Un jeune prêtre de Sainte-Anne, n'écoutant que les inspirations de sa piété et de son zèle, n'hésita pas à parcourir l'Irlande et l'Angleterre, pour recueillir des offrandes. Sur cette terre où le réveil catholique est si puissant, Dieu bénit ses fatigues, en assurant le succès de son voyage, et la charité resserra une fois de plus les liens qui unissent l'Irlande à la catholique Bretagne.

Nous verrons plus loin que le Saint Père s'est montré d'une générosité royale, et qu'un grand nombre de riches familles ont tenu à honneur d'offrir des peintures, des vitraux ou des autels. Ce mouvement est admirable.

Quand on contemple les merveilles opérées par sainte Anne dans les âmes, et par l'art sur la terre qu'elle bénit, on ne peut s'empêcher de s'écrier : Le doigt de Dieu est là !

V

DESCRIPTION DE LA BASILIQUE

Coup d'œil général. — Le Chœur. — Monument commémoratif. — Les Autels. — Les marbres de l'Emporium. — Les Sculptures. — Peinture murale. — Les Verrières. — Les Ex-voto.

La basilique de Sainte-Anne est une œuvre d'art, en même temps qu'une œuvre de foi. D'un aspect sévère, mais non monotone, elle offre partout aux regards ses murs de granit qui symbolisent l'énergie des Bretons.

L'intérieur est imposant.

S'étendant en forme de croix latine, avec ses colonnes, ses autels, ses vitraux, ses sculptures, elle se divise en trois nefs, auxquelles, à partir du transept, viennent s'en ajouter deux autres, si l'on peut désigner ainsi les chapelles qui longent le chœur.

Pour rappeler l'époque de la fondation du pèlerinage, le programme du concours avait imposé aux architectes qui y prenaient part le style de la Renaissance, tel qu'on le traitait au temps de Louis XIII. Nous avons vu que

M. Deperthes fut vainqueur ; mais, tout en se tenant dans les données du programme, il a su imprimer à son œuvre un caractère à part, en adaptant au style choisi les proportions du gothique, dans la structure générale du monument. Certaines parties romanes apparaissent çà et là, surtout dans la porte principale.

Cet éclectisme de détails, servi par un goût sûr et une science profonde, forme un tout harmonieux, et donne à l'ensemble de l'œuvre un cachet d'originalité remarquable.

Dans la nef principale et dans le transept, de grandes colonnes engagées, pénétrées par les moulures architecturales, s'élèvent jusqu'à la naissance des voûtes; ce n'est que dans les chapelles absidales qu'on trouve des colonnes isolées, formées de grands blocs de granit.

Les voûtes sont à compartiments et à cinq clefs pendantes ; de légères peintures recouvrent les arceaux, et semblent former un immense *velum* jeté sur les arêtes de pierre.

Ce qui frappe tout d'abord, en entrant dans l'église, c'est le chœur. Le pavé qui le recouvre forme une riche mosaïque, de marbre dans le sanctuaire, de marbre et de pierre polie de l'Echaillon dans la partie qui s'étend jusqu'au transept. La clôture sculptée qui l'entoure est incrustée d'Echaillon et de granit des Alpes ; de distance en distance, elle est coupée par des piliers supportant des candélabres, qui forment autour du chœur une couronne de lumière. Un petit monument, encadré dans cette clôture, rappelle l'endroit où fut trouvée la statue miraculeuse, et un médaillon représente la scène que nous avons racontée.

Au fond, se trouve le maître-autel, surmonté d'un riche retable couronné par un dais monumental, et orné de quatre statues en marbre blanc, dues au ciseau d'un artiste éminent, M Falguière Elles représentent les Evangélistes avec les attributs qui les distinguent. Ces statues, d'un style original et hardi, sont remarquables par l'expression des figures et le moëlleux des draperies habilement jetées

Trois bas-reliefs, œuvres du même sculpteur, ornent la partie inférieure de l'autel ; ils représentent le Baptême, l'Eucharistie et l'Extrême-Onction.

Citons encore la porte en bronze doré du tabernacle, sur laquelle s'entrelacent un épi de blé et un cep de vigne, symbole de l'Eucharistie, supportant un lis épanoui, symbole de la foi et de la pureté.

Les marbres du maître-autel, y compris les degrés, ont été donnés par le Souverain-Pontife. C'est un don royal. Ils proviennent de l'Emporium, où les empereurs romains, maîtres du monde, enfouissaient les marbres tirés de contrées lointaines ; c'est grâce aux fouilles ordonnées par Pie IX qu'ils ont été découverts. Ceux que la munificence pontificale destinait à la Basilique de Sainte-Anne ont été transportés à Rome, au temps de Titus et de Domitien, comme l'indique une inscription tracée sur l'un de ces blocs précieux

Après l'autel principal, les plus remarquables sont ceux de sainte Anne et de la sainte Vierge Le premier supporte, dans une niche élégante surmontée d'un petit dôme, la statue miraculeuse, que renferme une châsse, en cuivre doré, fermée par un cristal. On peut voir, dans le socle de cette statue qui date de 1823, le seul fragment de l'ancienne qui ait pu être soustrait à la rage des révolutionnaires.

Sept bas-reliefs en marbre, sculptés par M. Falguière,

sont encadrés dans le retable et dans l'autel. Ils retracent les principaux événements de la vie de sainte Anne, son mariage avec S. Joachim, le grand prêtre repoussant leurs offrandes, l'Ange du Seigneur annonçant la naissance de Marie, la rencontre des deux époux à la porte Dorée, le sacrifice d'actions de grâces, la naissance et la Présentation de la sainte Vierge. Tous ces sujets sont charmants[1].

Pour bien juger cet autel et celui que nous allons examiner, il faut tenir compte des fenêtres qui séparent le transept des chapelles de l'abside et forment, pour ainsi dire, le prolongement du retable. Elles sont fermées par une gracieuse dentelle de pierre, reproduisant l'architecture des vitraux, avec ses colonnettes entre lesquelles deux Anges tiennent à la main une banderolle flottante.

La statue de la sainte Vierge portant l'Enfant Jésus dans ses bras, est une œuvre de mérite de M. Lanzirotti.

Au-dessous, l'on a placé d'anciens bas-reliefs en albâtre, reproduisant plusieurs scènes de la Passion de Notre-Seigneur. Œuvres incorrectes, au point de vue du dessin, elles renferment plusieurs figures remarquables par le sentiment et l'expression.

Une inscription, placée près de cet autel, indique qu'il a été donné par M. et Mme Bouruet-Aubertot, insignes bienfaiteurs de la Basilique, qui a reçu d'autres marques de leur inépuisable générosité.

Entre les autels que nous venons de décrire, on en voit deux autres dont la structure élégante attire les regards. Ils sont dédiés à S. Joseph et à S. Joachim. La difficulté provenant de la place qu'ils occupent a été habilement

[1] Au pied de cet autel repose le zélé chapelain qui a consacré les dernières années de sa vie à la reconstruction de la Basilique. — (Voir plus loin, ch. VII.)

vaincue. Les retables à jour, formés d'enroulements qui recouvrent les angles des piliers, dessinent parfaitement leurs fines découpures de pierre blanche sur la teinte grise du granit.

Dans les chapelles latérales, on trouve six autres autels : les plus grands sont celui de S. Jean-Baptiste à droite, et celui de Ste Elisabeth, à gauche; ce dernier a été exécuté avec talent par MM. Valentin, de Rennes, d'après les dessins de M. Le Goff, sculpteur de la Basilique. En face, s'élève l'autel du Sacré-Cœur, adossé, pour ainsi dire, à celui de la Ste Vierge, et, de l'autre côté, l'autel de l'Archiconfrérie, adossé à celui de Ste Anne.

Tous ces autels ont été sculptés avec goût; les deux derniers sont très gracieux. Deux autres, reproduisant le même dessin, mais sans retables, ont été placés entre les précédents; ils sont tournés vers le chœur.

Pour terminer l'énumération des autels de la Basilique, qui sont au nombre de treize, nous devons mentionner les deux petites chapelles qui se trouvent à l'entrée de l'église. La première est dédiée à saint Yves, la seconde à saint Pierre, patrons de Nicolazic et de Keriolet, dont les restes sont religieusement conservés dans deux petits caveaux pratiqués sous le palier des autels [1].

Les règles liturgiques ne permettant pas de placer à

---

[1] Nous devons signaler ici les noms des donateurs : la sculpture du maître-autel est due au clergé du diocèse de Vannes; l'autel de Ste Anne a été donné par MM. le duc de Rohan, le prince de Léon, le comte de St-Luc et Madame la marquise de Robien; celui de S. Joseph, par le diocèse de Quimper; celui de S. Joachim, par les Pères du concile du Vatican; celui de Ste Elisabeth, par le diocèse de Rennes; celui de S. Jean-Baptiste, par le diocèse de St-Brieuc; celui du Sacré-Cœur, par M. le vicomte du Plessis de Grénédan; celui de l'Archiconfrérie, par M. Armand de Sceaulx, et celui de S. Pierre, par Mme la marquise de Bizien.

l'intérieur de l'église les statues du bon laboureur et de l'admirable pénitent, on les a mises au-dessus des petites portes de la façade. Ces statues, œuvre remarquable de M. Falguière, expriment d'une manière saisissante le contraste de ces deux vies : Nicolazic, les yeux au ciel, égrène son chapelet et prie avec une confiance joyeuse ; Keriolet prie aussi, mais les yeux baissés, avec l'humilité profonde que lui inspire le souvenir de ses fautes.

Dans tous les autels de l'église, des marbres de différentes couleurs, choisis avec goût, se mêlent à la pierre fine de Chauvigny ou de l'Echaillon. Tous les paliers sont en mosaïque.

La sculpture du monument est l'œuvre d'un artiste morbihannais, M. Le Goff, dont la réputation n'est plus à faire, après un pareil travail. Il a su trouver un genre de décoration neuf et gracieux à la fois, qui s'harmonise avec l'ensemble sévère de l'église. Cette végétation, fantaisiste et riche, répandue sur les chapiteaux des colonnes, les confessionnaux et les autels, produit le meilleur effet. Il semble que le lis, cette blanche fleur qui symbolise l'âme croyante s'ouvrant aux souffles du Ciel, en ait été le type. Partout le feuillage s'enroule, les fleurs s'épanouissent, et les fleurettes s'entr'ouvrent avec grâce.

On sent que la même idée et la même main ont réglé cet ensemble harmonieux où l'unité n'a rien de monotone et la variété rien de confus.

Sous un des arcs de la grande nef se trouve la chaire, monument sévère sans lourdeur, d'un effet très artistique. On y remarque la perfection du travail, les sculptures d'ornement, les statues des premiers évêques bretons, et celle de Jésus enseignant, qu'accompagne cette inscription : *Euntes, docete.*

Une statue en bronze de saint Pierre, semblable à celle qu'on voit dans la Basilique vaticane, s'élève à l'entrée de l'église[1].

Le fond de la tribune qui domine le maître-autel est orné d'une grande peinture murale, œuvre de M. Charles Lameire, que son *Catholicon* a rendu célèbre. Au sommet de cette composition, apparait la Trinité entourée d'un cercle d'Anges; au-dessous est la terre de Bretagne, le sol privilégié de l'aïeule du Sauveur, sur lequel se dresse au loin la flèche de la Basilique. La foule accourt près de l'Évêque qui confie son diocèse à sainte Anne, pendant que toutes les infortunes humaines, résumées en quelques-unes, implorent Celle qui peut les secourir.

A droite, les bannières des cinq diocèses bretons flottent dans l'air, et près d'elles, l'étendard du Sacré-Cœur ouvre ses plis ornés de pieux emblèmes et couverts de taches glorieuses.

A gauche, nous voyons un de ces drames qui se produisent trop souvent sur nos côtes : la mer bouillonne, un navire va sombrer ; deux enfants, réfugiés sur les dernières vergues, s'enlacent dans une suprême étreinte, en portant leurs regards vers le ciel ; et, sur le premier plan, une femme de pêcheur, que ses enfants entourent avec effroi, élève son dernier-né, avec une confiance sublime, vers sainte Anne qui descend du ciel. Elle s'avance, au milieu de la tempête qui agite son manteau, les mains étendues pour recueillir les vœux de ceux qui l'implorent. Les yeux au ciel, elle prie, elle est exaucée.

L'orgue, placé au-dessous de cette peinture, a été

[1] Les pèlerins aiment à baiser le pied de cette statue : une indulgence de 40 jours est attachée à cet acte de religion.

construit par M. Cavaillé-Coll[1]. Ce nom en dit plus que
tous les éloges.

Au centre du grand arc, orné de rinceaux modelés sur
fond d'or, qui sépare la tribune de l'église, sont sculptées
les armes du Souverain-Pontife, accompagnées de l'inscription : *Sancta Anna, ora pro nobis*. Les clefs des arcs
du chœur portent les armoiries des évêques de Bretagne
et celles du R. P. Abbé de la Trappe de Thymadeuc.

Pour compléter l'ornementation de la Basilique, une
splendide galerie de vitraux en décore toutes les fenêtres.
Ceux du haut sont consacrés aux parents de sainte Anne
et aux Saints qui font la gloire de la Bretagne ; guerriers,
confesseurs, moines ou prélats, il sont là pour nous dire
que nous devons nous montrer dignes de notre passé. Les
trois grandes rosaces qui ornent la partie supérieure de
l'église, représentent : celle du midi, l'Ascension de Notre-
Seigneur qui conduit au ciel sainte Anne, saint Joachim
et les Justes de l'ancienne loi ; celle du nord, la procla-
mation du dogme de l'Immaculée-Conception ; celle de la
façade, la sainte Vierge montrant à sainte Anne les
passages de l'Écriture qui annoncent la venue du Sauveur ;
dans les médaillons qui entourent cette scène, on voit les
huit rois de Juda, ancêtres de Marie, et des Anges portant
sur leurs banderolles des invocations tirées des litanies de
notre Patronne.

Les vitraux inférieurs retracent les principaux faits de la
vie de sainte Anne et l'histoire du pèlerinage ; c'est une
traduction vivante des événements que nous avons rapportés.

Il est inutile d'indiquer ici les sujets de ces verrières,
puisqu'une légende explicative accompagne chaque scène :

[1] Il comprend 25 jeux et a reçu tous les perfectionnements dont M. Cavaillé-
Coll est l'inventeur.

mais nous tenons à signaler quelques-unes des plus remarquables.

Voici tout d'abord, en suivant la série (côté sud, près du maitre-autel), les deux scènes qui représentent le mariage de sainte Anne et de saint Joachim, et le grand prêtre refusant leurs offrandes.

Au delà du transept (premier vitrail), les Bretons aux pieds de sainte Anne. Puis le troisième, où Mgr de Rosmadec permet la construction de la chapelle. Au-dessous de ce grand sujet, un médaillon nous montre le recteur de Pluneret, disant la première messe devant la statue miraculeuse.

Dans la quatrième fenêtre (médaillon), nous remarquerons la procession d'Auray à Sainte-Anne, et, dans la sixième, le médaillon qui représente le pape Urbain VIII remettant au maréchal d'Estrées la bulle d'érection de la Confrérie.

Plusieurs verrières contiennent encore de beaux détails, vraie jouissance pour l'artiste ; mais cette galerie a un autre mérite plus grand : c'est un enseignement pour le chrétien. Elle nous rappelle la bonté de sainte Anne, la vertu de Nicolazic qui l'a honorée, la piété des princes qui ont favorisé son culte, et en descendant jusqu'à l'époque contemporaine, elle nous montre que les pieuses traditions ne sont pas mortes dans tous les cœurs ; les marins[1], les soldats viennent prier dans le sanctuaire, pour redire au monde que la France veut encore s'appuyer sur Dieu.

Les vitraux de la Basilique sortent de différents ateliers. Ceux de la grande nef sont l'œuvre de MM. Lusson, Denis

---

[1] Un vitrail représente *la marine française à Sainte-Anne, le 1er août 1869*.

Ce sont les marins de l'escadre commandée par l'amiral de la Roncière Le Nourry.

et des Carmélites du Mans ; ceux des bas côtés de cette nef, jusqu'au transept, ont pour auteur M. Maréchal, de Metz, qui n'a pas hésité à quitter sa Lorraine pour rester Français Les œuvres remarquables qu'il a signées ont rendu son nom célèbre.

Tous les autres vitraux sont dus au talent de M. Eugène Oudinot, qui illustre dans les arts un nom glorieux dans notre histoire militaire. Depuis longtemps sa réputation a franchi les frontières de la France, et ses œuvres sont recherchées à l'étranger.

Dans le beau monument que nous avons essayé de décrire, le pèlerin contemple avec émotion une autre galerie où l'art n'est souvent pour rien, mais où la foi resplendit, vivifiée par la reconaissance. Les plaques de marbre qui couvrent les murs, les humbles tableaux qui redisent des scènes touchantes, ont une éloquence qui manque parfois aux plus célèbres chefs-d'œuvre Ils nous disent la bonté puissante de sainte Anne, l'amour de ses enfants, et nous expliquent comment, sur ce sol presque désert autrefois, la charité, qui unit le cœur de l'homme au cœur de Dieu, a réalisé les merveilles que nous admirons aujourd'hui.

VI

LA CONSÉCRATION

La veille de la Fête. — Pendant la nuit. — Solennité du matin. — La Procession solennelle — La Fête du soir.

L'église que nous venons de décrire était achevée. Riche de toutes les splendeurs de l'art chrétien, décorée par le Souverain-Pontife du titre de *Basilique mineure*, elle excitait le noble orgueil des Bretons qui l'ont bâtie et l'admiration des étrangers qui la contemplaient Quelque chose lui manquait encore : ces murs de granit, ces autels de marbre et de pierre n'avaient pas reçu le baptême qui consacre une œuvre humaine, en y faisant descendre la suprême bénédiction de Dieu.

Mgr l'Évêque de Vannes choisit pour cette fête nationale le 8 août 1877.

La bonne nouvelle s'était répandue jusqu'aux moindres villages, où le nom de sainte Anne, remuant tous les cœurs, souleva les pieuses multitudes, pour les entraîner au triomphe de leur Patronne.

Dès la veille, de nombreux pèlerins se pressaient dans le sanctuaire, avides d'assister à la réception des évêques. Cette première cérémonie, terminée par la bénédiction du Saint-Sacrement, n'était que l'annonce des grandes solennités du lendemain.

La nuit fut digne du regard des anges : dans la basilique, éclairée par la lueur des cierges, la récitation du chapelet succédait au chant des cantiques : c'était un entrain merveilleux, une foi ardente, servie par un courage de Breton. A minuit, les messes commencèrent à tous les autels, pour se continuer à l'église, au cloître, dans les tribunes et dans la chapelle du Petit-Séminaire. Plus de quatre mille pèlerins s'approchèrent de la sainte Table, et, sans la longueur des cérémonies de la consécration, ce chiffre eût été de beaucoup dépassé.

Quand le jour parut, le ciel était sombre, le vent soufflait avec violence, poussant les nuages qui versèrent bientôt des torrents de pluie : ce fut une tempête.

Pourtant les pèlerins arrivaient en foule, et parmi eux plusieurs hommes distingués par leur mérite et leurs éminentes dignités. La joie de ce beau jour, pénétrant dans la solitude du cloître, avait aussi attiré à Sainte-Anne des membres de tous les ordres religieux de notre pays.

La consécration commença vers sept heures et demie. Rien de plus imposant que cette cérémonie où l'Église a su joindre la sublimité des paroles à la solennité des rites. Elle a été faite par le Cardinal-Archevêque de Rennes, que le Saint-Père avait chargé de cette douce mission. Ici, nous ne pouvons entrer dans le détail ; tout est beau, tout est grand dans cette admirable liturgie : les aspersions intérieures et extérieures, symbole de la grâce qui purifie ; la solitude de l'église, où la foule ne peut pénétrer ; la voix du consécrateur ordonnant d'ouvrir la porte, pour laisser entrer le Roi de gloire ; les croix rayonnant sur les murs et consacrées par le saint chrême ; les lettres grecques et latines, tracées dans la cendre sur le pavé de la nef, tout a une signification élevée, qui charme l'esprit et réjouit le cœur.

Sept évêques consacrèrent en même temps sept autels, puis Mgr l'Archevêque de Tours célébra la messe pontificale.

A l'Évangile, Mgr l'Évêque de Vannes monta en chaire, pour expliquer à la foule émue les allégresses de ce grand jour. Notre T. S. P. le Pape ne pouvait être oublié en cette circonstance solennelle. Aussi, Mgr Bécel saisit-il avec joie l'occasion d'exprimer une fois de plus notre dévouement pour sa personne auguste et notre attachement inaltérable au siège apostolique Ces nobles paroles trouvèrent un écho dans tous les cœurs ; la catholique Bretagne ne les oubliera pas.

La fête du matin se termina au milieu du jour. Le soir, eut lieu la procession solennelle. Elle fut splendide. Des milliers de fidèles, plusieurs centaines de prêtres en surplis, les évêques avec leurs mitres étincelantes et leurs crosses d'or, l'abbé de la Trappe avec sa mitre blanche et sa crosse de bois, s'avancèrent lentement, au chant des cantiques et des litanies de sainte Anne, vers la *Scala-Sancta* richement ornée. Une triple avenue de mâts vénitiens, décorés d'oriflammes, de faisceaux, de guirlandes, remplissait le champ de l'Épine ; des estrades avaient été préparées pour les prélats, les musiciens et les chantres.

Bientôt, l'enceinte fut envahie par la foule. Debout au pied de l'autel, Mgr de Saint-Brieuc fit entendre de chaleureuses paroles ; puis le cardinal, les évêques et le T. R. P. abbé parurent à la tribune de la Scala, pour bénir les pèlerins. Ce fut un magnifique spectacle : cette multitude prosternée dans un religieux silence ; ce monument sacré où se tenaient debout les pontifes de Jésus-Christ ; le portrait du Pape, s'élevant au-dessus de leurs têtes, souriant et la main levée pour bénir, et, par-dessus tout, la flèche de la basilique portant dans les airs la statue dorée de sainte Anne, cet ensemble avait quelque chose de grand qui saisissait le cœur et mettait des larmes dans les yeux.

Alors la musique fit entendre ses morceaux les plus entraînants, la voix des chantres redit les prières sacrées, et, quand Jésus eut béni ses enfants, le vieux cantique de Sainte-Anne retentit, comme une dernière prière, un dernier chant de joie, d'espérance et d'amour.

La fête se prolongea jusque dans la nuit, et les pèlerins, réunis dans l'enceinte de la Scala, magnifiquement illuminée, chantèrent avec ardeur des cantiques dont les accents joyeux se mêlaient à l'éclat des fusées, des bombes et des feux de Bengale. Eclairé par des jets de lumière éblouissants, le portrait du Souverain-Pontife resplendissait ; et c'était une ardeur indescriptible, des cris de joie, des vivats enthousiastes : *Gloire à sainte Anne ! Vive Pie IX ! Vivent les Evêques.*

La flèche de la basilique se détachait avec ses sculptures et ses lignes sévères, sur le fond noir du ciel ; enfin, une cascade de flammes, tombant du sommet, l'enveloppa tout entière, au milieu des acclamations des assistants. Puis, peu à peu, les lumières s'éteignirent, le silence se fit dans les rues du village : la fête était terminée.

VII

L'ABBÉ GUILLOUZO

La préparation. — Zèle et désintéressement. — La mort. — Les funérailles.

Notre travail serait incomplet, si, après avoir décrit les splendeurs de notre basilique, nous ne disions un mot du prêtre zélé qui se donna tout entier à cette œuvre.

Maintenant que le bon serviteur de sainte Anne n'est plus, c'est pour nous un devoir de rompre le silence que son humilité imposait à notre admiration et de faire connaître cette vie si belle dont lui seul ignorait le mérite.

Sorti d'une de ces familles bretonnes où les traditions de foi et d'honneur chrétien se transmettent comme un héritage sacré; le futur chapelain de Sainte-Anne se forma à sa grande mission, à Pontivy, où il commença ses études; au Petit-Séminaire de Sainte-Anne, où il les acheva; au Grand-Séminaire de Vannes, où il montra par ses succès la droiture de son esprit et la sûreté de son jugement.

En 1851, l'abbé Guillouzo était prêtre. Il le fut dans toute la sublime acception du mot.

Vicaire à Plouhinec, il aima les âmes et il se donna : la sienne avait ce rayonnement divin qu'on appelle la charité. Cependant cette époque de sa vie n'était qu'une préparation : Dieu le formait dans le silence pour l'œuvre qui allait effrayer son humilité sans déconcerter son courage.

En 1864, il fut appelé à Sainte-Anne ; et, lorsque Mgr Bécel eut commencé la reconstruction de la chapelle du pèlerinage, on le vit à l'œuvre, avec cette sainte audace qui n'était que l'inébranlable confiance d'un cœur aimant.

La foi de cet homme a remué les pierres et les âmes : le pèlerinage est florissant et la Basilique est bâtie Quêteur infatigable, prédicateur convaincu, il a parlé de sainte Anne, il a demandé pour sainte Anne, et sa parole a fait des prodiges S'il n'avait pas l'éclat qui éblouit, il possédait au plus haut degré la simplicité qui plaît, la bonté qui attire, et cette éloquence du cœur qui, dédaignant les artifices humains, va droit au cœur

Sa constance fut à la hauteur de sa foi. Pendant dix ans, on le vit, inquiet parfois, confiant toujours, continuer l'œuvre entreprise, sans s'arrêter aux critiques qui n'épargnent jamais ce qui est grand. Elles attristaient son cœur, sans pouvoir abattre son courage. Que de fois nous l'avons vu préoccupé, triste, aller se jeter aux pieds de la Statue miraculeuse ! Dans la prière il retrouvait le calme et l'espérance. S'il écrivait une lettre importante, il la déposait sur l'autel de sainte Anne, qu'il priait de la bénir. Comment n'eût-il pas été souvent exaucé ?

Dès qu'il s'agissait de notre Patronne, il n'y avait rien de trop riche à ses yeux. La *Cathédrale* qu'avait désirée Nicolazic, il la voulait belle des splendeurs de l'art, et chaque décoration nouvelle lui faisait pousser des exclamations de bonheur, car il aimait le beau, cet humble prêtre, non pas pour lui, mais pour Celle dont il travaillait à répandre la gloire.

On comprend quelle dut être sa générosité. Restreignant le plus possible ses dépenses personnelles, il donnait sans compter à sa chère Œuvre, il donnait tout. Quelques jours avant sa mort, un de ses amis les plus chers lui demandait à combien s'élevaient les ressources provenant de son patrimoine. Lorsqu'il eut indiqué la somme : — Où placez-vous cet argent ? reprit en souriant son interlocuteur. — *Dans la masse*, répondit le bon chapelain le plus naturellement du monde. La masse, c'était le trésor de sainte Anne.

Depuis quelque temps déjà, il pouvait jouir de son œuvre. La consécration de la Basilique l'avait comblé de joie. Les derniers travaux approchaient de leur fin. Le moment du repos allait venir. Il vint, mais ce fut le repos du ciel.

Au commencement de 1878, il s'était rendu dans sa paroisse natale, pour y chanter un service, à l'intention d'un de ses parents. Vers le soir, après avoir éprouvé quelques frissons, il se plaignit tout à coup de violentes douleurs dans la tête et faillit tomber : — « Donnez-moi l'absolution, dit-il au vénérable recteur qui l'assistait ; je me suis confessé il y a cinq jours. » Le mal s'aggravait de plus en plus. Le pieux malade répétait avec amour : — « Mon doux Jésus, mon Dieu, que votre volonté soit faite ! » Il reçut l'extrême-onction et l'indulgence plénière. Sa main défaillante essayait encore d'approcher de ses lèvres une relique de sainte Anne, qu'il portait toujours sur lui Celle qu'il avait tant aimée le consolait à ses derniers moments.

Pendant qu'on récitait ses litanies, il rendit le dernier soupir. C'était le mardi 29 janvier, vers neuf heures du soir.

Averti aussitôt, Mgr l'Évêque de Vannes revint en toute hâte de Paris, où l'avaient appelé d'importantes affaires, présider aux funérailles de l'ami fidèle qui avait été pour lui le plus dévoué des collaborateurs.

Au milieu des prêtres et des fidèles qui se pressaient autour du cercueil, il voulut rendre un dernier hommage à à celui que nous regrettons ; sa douleur trahit son courage, et, comme Jésus au tombeau de Lazare, il pleura.

Bien des cœurs pleuraient avec lui.

La tombe du bon chapelain a été creusée, aux pieds de la statue miraculeuse, dans la Basilique qui est l'œuvre de son zèle. Le portrait de Nicolazic surmonte son cercueil, comme pour réunir le souvenir de l'humble paysan et celui de l'humble prêtre que sainte Anne a faits les exécuteurs de ses volontés.

Il sera là comme un exemple pour ceux qui viendront s'agenouiller sur ces dalles ; les pierres de son tombeau, comme celles du temple, prendront une voix pour leur dire d'être humbles, d'aimer sainte Anne et de garder intact le trésor de leur foi.

VIII

LES PÈLERINS

Les fêtes. — La Bretagne d'autrefois. — Les paroisses du Morbihan. — Dans les chaumières. — Un combat naval. — Les marins. — Le petit mousse. — Pèlerinage des Arzonnais.

L'excellent prêtre dont nous venons d'esquisser la vie était l'âme de nos pèlerinages. Il trouvait souvent l'occasion d'exercer son zèle.

En Bretagne, chacun semble avoir à cœur de justifier le mot du poète parlant de notre Patronne :

> C'est notre mère à tous ; mort ou vivant, dit-on,
> A Sainte-Anne, une fois, doit aller tout Breton.

Si l'on n'a pas visité le célèbre sanctuaire, il manque quelque chose dans la vie ; pour accomplir ce pèlerinage, les Bretons font de durs sacrifices et supportent gaiement de pénibles fatigues.

Chaque année, le 7 Mars, la Pentecôte, le 26 Juillet, le 29 et le 30 Septembre attirent un nombre de grand pèlerins.

Au 7 Mars, anniversaire de l'invention de la statue miraculeuse, ils remercient sainte Anne des grandes choses qu'elle a faites, depuis qu'elle s'est manifestée à son peuple. Cette réunion a quelque chose de plus intime et l'on n'y voit guère que les populations environnantes.

Au 29 Septembre, fête de S. Michel, ils prient le protecteur de la France et sainte Anne de benir la patrie, de la conserver grande et forte, en gardant sa foi.

Le 30 Septembre, anniversaire du Couronnement, rappelle une de nos gloires.

Ces fêtes sont belles et touchantes ; mais, pour contempler l'épanouissement de la piété bretonne, il faut assister aux solennités de la Pentecôte et de sainte Anne.

Dès la veille, les pèlerins arrivent pour prendre part à la procession solennelle ; ils viennent par milliers, de tous les points de la Bretagne, des grèves, des montagnes, des plaines, depuis les rives de la Loire jusqu'aux ruines de Saint-Mathieu ; depuis les bords fleuris de la Rance, jusqu'aux rivages sévères de Saint-Gildas. Le touriste, passant au milieu de cette foule, peut admirer les costumes antiques, les pittoresques coiffures, et retrouve la Bretagne d'autrefois. Ce robuste paysan, aux braies plissées, à la veste brodée, aux longs cheveux, n'est-ce pas un Celte égaré en plein dix-neuvième siècle ? Ces coiffes relevées, contournées, se repliant sur le sommet de la tête ou laissant tomber sur les épaules leurs longues ailes blanches, ne sont-elles pas un souvenir du passé qui s'efface chaque jour ? Mais si l'artiste est charmé de cette variété pittoresque, de cet ensemble, où revivent des traditions, immuables au milieu des changements qui se succèdent, le Chrétien admire surtout la foi qui entraîne ces foules, foi simple et vive, capable de sacrifices obscurs et de dévouements sublimes.

Parmi ces pèlerins, plusieurs ont fait à pied un long tr

jet, chaussés de grossiers sabots, car souvent ils sont pauvres ; d'ailleurs, ils croient qu'un pèlerinage ne doit pas se faire comme un voyage de plaisir, et que la fatigue est méritoire.

Pourtant ces milliers de voyageurs ne trouveront pas tous un asile pour la nuit. On les voit alors camper dans les prairies et dans les landes ; assis sur la terre dure, ils invoquent sainte Anne ; après avoir prié, ils chantent ; pour eux, chanter c'est prier encore.

Quand arrive l'heure de la messe qui se célèbre de grand matin à la *Scala-Sancta*, ils se pressent avec recueillement dans le champ de l'Épine ; après le Saint-Sacrifice, ils se remettent en route, heureux d'avoir visité la bonne Mère des Bretons.

Les Morbihannais, privilégiés entre tous les autres, puisque c'est leur sol que sainte Anne a choisi, se distinguent aussi entre tous par leur fidélité au saint pèlerinage ; tous les ans, 70 paroisses s'y rendent, à jour fixe, accompagnées du clergé, déployant leurs plus riches bannières, portant leurs croix les plus précieuses. Toutes celles du littoral, depuis Lorient jusqu'à Noyalo, se trouvent au pieux rendez-vous ; puis ce sont les paroisses de Vannes et des environs, celles qui entourent Sainte-Anne et les deux îles d'Houat et d'Hœdic, ces républiques patriarcales où n'arrive qu'à peine l'écho de nos discordes. Chacune de ces paroisses envoie de nombreux représentants ; c'est une fête nationale qui retrempe le courage de la jeunesse et de l'âge mûr et laisse dans l'âme de l'enfance d'impérissables souvenirs.

Ces réunions aux pieds de sainte Anne n'empêchent pas les pèlerinages particuliers ; une famille en deuil vient prier pour le repos éternel d'un mort chéri ; une autre apporte des actions de grâces et l'hommage de sa reconnaissance. Les vieillards, les jeunes gens, les femmes, tous sont heureux de prier devant la statue miraculeuse.

Entrez dans une chaumière bretonne ; presque partout, vous verrez, collée au mur, entre une bataille et quelque légende du temps passé, une image aux couleurs vives, chef-d'œuvre d'un artiste populaire, qui représente naïvement les grandeurs de Sainte-Anne d'Auray.

Le nom de la bonne Mère se trouve naturellement sur les lèvres de nos campagnards, parce qu'il vit dans leurs cœurs ; elle est comme de la famille. Au moment du danger, dans la douleur, dans l'inquiétude, ils se tournent instinctivement vers elle, de même que l'enfant qui pleure cherche la consolation dans les bras de sa mère.

On a vu des femmes entreprendre à pied, pour se rendre à Ste-Anne, une voyage de 40 à 50 lieues, et, à peine arrivées, faire à genoux le tour de la Basilique, oubliant la fatigue pour ne songer qu'à leur reconnaissance. Et ce ne sont pas seulement les pauvres qui donnent de pareils exemples ; souvent les heureux du monde, jeunes gens dans leur fleur ou hommes mûrs ayant fait l'épreuve de la vie, bravent de semblables fatigues, puis, mêlés à la foule, prient dans le temple et parcourent humblement les stations du pèlerinage.

Dès que les pèlerins aperçoivent la flèche de l'église, tout est oublié ; ils saluent de loin le but désiré vers lequel s'élance leur âme : prosternés dans la poussière du chemin, ils font une courte prière et reprennent leur route, plus forts et plus joyeux : du haut de sa splendide demeure, sainte Anne leur a souri.

Au milieu de tous les autres, les marins se distinguent par l'énergie de leur confiance et la ferveur de leur foi. De tout temps, ils furent les privilégiés de notre grande sainte ; toujours ils l'ont considérée comme leur plus puissante protectrice.

A la fin du siècle dernier (janvier 1780), lorsque la Bretagne, enthousiasmée comme le reste de la France par le projet de délivrer l'Amérique, fournissait contre les Anglais de nombreux auxiliaires un combat naval eut lieu, près d'Ouessant, entre la *Surveillante*, commandée par du Couëdic et le *Québec*, commandé par le capitaine Farmer. La lutte fut acharnée, et le pavillon du navire breton ayant été enlevé par un boulet, les Anglais criaient victoire ; mais un homme intrépide, un timonier, monte dans les haubans, au milieu des balles, et déploie un mouchoir blanc. Farmer est tué, les Français sont vainqueurs, et le modeste héros, mandé à Paris, s'assied à la table du roi qui lui accorde un brevet d'officier. Le Mancq est mort vice-amiral.

Voilà le récit héroïque ; écoutons maintenant le cri de la foi. Le barde populaire qui chante son compatriote, commence ainsi son poème :

« A Sainte-Anne je suis allé, car je vais m'embarquer ; celui qui va prier à Sainte-Anne, sainte Anne ne l'oublie pas »

Ces mots si simples, où vibre la foi bretonne, reviennent après chaque strophe de ce chant épique, comme un religieux refrain ; et quand le poète, fier des honneurs accordés au timonier, s'écrie :

« Mille bénédictions de Dieu au roi ! » il ajoute aussitôt : « Chantons tous en Bretagne les louanges du Roi » et de sainte Anne, la bonne marraine de ce pays, *Mamm* » *oaeronez vad ar vro-ma*[1]. »

Toujours elle ! au foyer domestique, c'est une mère ;

[1] H. de la Villemarqué *Barzaz-Breiz*, p. 356. Le *Chant du Pilote*.

dans le péril, un appui ; dans le combat, c'est l'inspiratrice du courage qui d'un homme obscur fait un héros ; partout elle mérite le titre glorieux que lui décernent ses litanies : *Patrona Britonum*, patronne des Bretons.

Sous sa rude écorce, le marin de Bretagne cache un cœur viril, une foi vive dont son existence aventureuse ne peut lui faire perdre le souvenir. Parfois endormie, jamais éteinte, elle se réveille toujours au moment du danger, à l'heure où il comprend que s'il est le *maître* de son navire, il ne l'est qu'*après Dieu*. Alors ces matelots sont simplement sublimes. Le capitaine rassemble son équipage, et, calmes en face de la mort, ces hommes intrépides promettent de faire un pèlerinage au sanctuaire vénéré de Sainte-Anne d'Auray. Chacun apporte son offrande, et le petit trésor est mis de côté, pour bien marquer qu'il n'appartient plus qu'à Dieu. C'est à Dieu aussi qu'ils ont donné leur parole : s'ils revoient le clocher natal, ils viendront à Sainte-Anne, pieds nus souvent, malgré la rigueur de l'hiver, accomplir religieusement leur vœu.

Il y a quelques années, le navire *Fleur-des-Bois* fit naufrage. Le second capitaine et un petit mousse restèrent seuls, pendant treize jours, sur ses débris ; alors le premier disparut, et l'enfant, perclus de tous ses membres, se maintint sur son épave, pendant deux jours encore, jusqu'à ce qu'il fût recueilli par un navire qui passait :

— A quoi pensiez-vous dans le danger ? lui demanda le capitaine, lorsqu'il revint à lui.

— J'avais dix francs dans ma poche, répondit le pauvre petit ; de temps en temps, je touchais cette somme et je me disais : Si j'échappe, j'en achèterai un beau cierge pour sainte Anne d'Auray[1].

[1] *Le Monde*, du 25 décembre 1861.

Voilà la foi de nos matelots.

Et ce n'est pas d'aujourd'hui qu'ils aiment leur puissante Patronne. Il y a deux siècles, 42 marins d'Arzon, qui prirent part à la guerre de Hollande, furent sauvés par sa protection, dans un terrible combat naval, où la flotte française luttait contre les forces de Ruyter. C'était le 7 juin 1673. Les boulets, passant comme la grêle, brisaient les voiles et les cordages ; mais, grâce à sainte Anne, pas un Arzonnais ne fut blessé.

Les descendants de ces braves ne l'ont pas oublié, et, depuis deux cents ans, ils viennent, le lundi de la Pentecôte, acquitter la dette de leur reconnaissance. C'est pour eux un grand jour. Dès la veille, ils partent joyeux et recueillis ; leur petite flottille se déploie sur le Morbihan, le clergé en tête avec la croix. De toutes les barques, élégamment pavoisées, s'élèvent des hymnes et des prières : les chants se croisent, se répondent, dans un désordre charmant qui forme le plus pittoresque des concerts.

Arrivés à Sainte-Anne, les pèlerins s'avancent processionnellement autour de l'église, portant avec une noble fierté le modèle d'un vaisseau de guerre et l'ex-voto qu'offrirent leurs aïeux. Puis, quand ils sont entrés dans le sanctuaire, le recteur entonne le vieux cantique d'actions de grâces, composé après l'événement, et toutes les voix répondent avec une piété qui émeut. Dans ces strophes incultes, on sent vibrer un accent de foi qui vous arrache des larmes : l'œuvre du poète inconnu survivra longtemps encore à tant d'autres, applaudies alors et depuis longtemps oubliées.

Nous publions ces paroles avec la mélodie vraiment populaire qui en traduit si bien la touchante expression.

LES PÈLERINS 169

Avec actions de grâces, nous venons en ce saint lieu, Honorer en cette place La sainte Aïeule de Dieu. Sainte Mère.

Sainte mère de Marie,
Par un miraculeux sort,
Vous nous conservez la vie,
Dans le danger de la mort.

Avec actions de grâces,
Nous venons en ce saint lieu,
Honorer, en cette place,
La sainte Aïeule de Dieu.

Nous avons été de bande
Quarante et deux Arzonnois
A la guerre de Hollande,
Pour le plus grand de nos Rois,

Ce peuple de notre côte
Vint ici à grand concours,
Es fêtes de Pentecôte,
Implorer votre secours ;

Pendant que l'ordre nous mande
Qu'il nous fallait faire état
De voguer vers la Hollande,
Pour leur livrer le combat.

Ce fut de juin le septième
Mil six cent septante et trois,
Que le combat fut extrême
De nous et des Hollandois.

Les boulets comme la grêle
Passaient parmi nos vaisseaux,
Brisant mâts, cordages, voile,
Et mettant tout en lambeaux.

La merveille est toute sûre
Que pas un homme d'Arzon
Ne reçut la moindre injure
De mousquet, ni de canon.

Un d'Arzon changeant de place,
Un boulet vint à passer,
Brisant de celui la face
Qui venait de s'y placer.

L'Arzonnois, la sauvant belle,
Eut l'épaule et les deux yeux
Tout couverts de la cervelle
De ce pauvre malheureux.

De Jésus la sainte Aïeule,
Par un bienfait singulier,
Nous connaissons que vous seule
Nous gardiez en ce danger.

Par humble reconnaissance,
Nous fléchissons les genoux,
Adorant votre puissance
Qui a paru envers nous.

Recevez toutes nos classes,
Pour tout le temps à venir ;
Sous l'asile de vos grâces,
Nul ne pourra mal finir.

Comme on le voit, c'est un récit complet de la bataille et du prodige ; mais, pour comprendre tout le charme de cette poésie naïve, il ne suffit pas de la lire : il faut l'entendre chanter.

Admirons cette reconnaissance toujours vive après deux siècles, et saluons avec respect ces modestes pèlerins qui montrent à notre âge incrédule comment les Bretons savent payer un bienfait.

Ainsi, depuis le printemps jusqu'à la fin de l'automne, les pèlerins affluent au sanctuaire de Sainte-Anne. Mais, s'ils viennent surtout de la Bretagne, il en vient aussi d'ailleurs.

Les différentes parties de la France, la Belgique, l'Angleterre, l'Italie y sont représentées parfois. Depuis quelques années, Sainte-Anne d'Auray, mieux connue, réunit dans une même pensée fraternelle des Catholiques séparés de nous par l'immensité de l'Océan, parmi les populations si françaises de cœur du Canada, comme dans les villes populeuses du Nouveau-Monde.

En terminant ce rapide coup-d'œil sur les foules que la piété entraîne aux pieds de notre Sainte, nous ne pouvons passer sous silence deux manifestations, touchantes entre toutes les autres, qui se renouvellent chaque année.

Dans notre siècle où les intérêts matériels tendent à étouffer les aspirations plus hautes, il s'est trouvé des hommes de cœur, pour élever bien haut le drapeau de leur foi, en l'abritant sous la bannière de la charité. S'encourager, se fortifier en secourant les pauvres, image du Sauveur abandonné et souffrant, telle a été la pensée qui a donné naissance aux conférences de Saint Vincent de Paul.

Plusieurs années après, à la suite des désastres qui ont humilié notre patriotisme, d'autres hommes, à l'âme ardente et noble, ont compris que la religion seule peut rétablir l'équilibre social détruit par nos révolutions ; et, tendant à l'ouvrier leur main loyale, ils l'ont amené à reconnaître des frères dans ceux qui l'invitaient à prier devant la Croix. Aujourd'hui l'œuvre des Cercles catholiques est florissante, comme sa sœur aînée, à Paris et dans le reste de la France

Ici, encore, pour mieux s'unir, pour puiser de nouvelles forces au pied de l'autel, les Conférences et les Cercles de notre province, font, tous les ans, un pèlerinage à Sainte-Anne. L'aïeule de Jésus pauvre, de l'ouvrier de Nazareth, aime le pauvre et l'ouvrier.

Ces réunions sont un magnifique spectacle : le magistrat à côté de l'artisan, le savant à côté du laboureur, toutes les classes de la société, en un mot, rapprochées, par cette fraternité véritable que nous appelons du nom divin de Charité, montrent d'une manière admirable que la religion seule peut opérer cette union sociale, poursuivie en vain par les utopistes de nos jours.

Ils resserrent, à la Table-Sainte, les liens sacrés qui les

unissent. Ceux-là au moins ne rougissent pas de leur drapeau.

Ensuite, dans une réunion solennelle, où se tiennent, pour ainsi dire, les assises de la charité, ils parlent des obstacles à vaincre, du bien à faire, et s'excitent mutuellement à poursuivre avec courage cette lutte pacifique de laquelle sortira le salut de la patrie.

Sainte Anne les bénit, et ces fêtes laissent dans le cœur un doux souvenir, une inébranlable espérance. Sans doute, le présent est triste, l'avenir est sombre ; confiance cependant ! Le moment marqué par la divine miséricorde viendra ; et un jour, prenant les débris de nos institutions chancelantes, les hommes de bonne volonté construiront, avec l'aide de Dieu, le nouvel édifice social, qui aura la Foi pour base et pour couronnement, la Charité.

IX

LA CROIX DE JÉRUSALEM

Un précieux souvenir. — Avant la Fête. — A la *Scala-Sancta*. — La procession aux flambeaux. — Pendant la nuit. — Enthousiasme. — Plantation de la Croix. — Les adieux.

Nous ne pouvons décrire ici les fêtes splendides qui, depuis quelques années, ont attiré aux pieds de sainte Anne des milliers de pèlerins. Mais il en est une que nous devons signaler, parce qu'elle est venue apporter un nouvel aliment à la piété des fidèles, en unissant dans un même hommage sainte Anne et la Croix.

Chaque année, on le sait, les généreux chrétiens qui font à Jérusalem le pèlerinage de pénitence, emportent sur leur navire une grande croix qui les accompagne, dans la ville sainte, à toutes les stations où les conduit leur foi. En 1886, les PP. de l'Assomption, qui dirigent avec un zèle admirable ces nouvelles croisades, offrirent au pèlerinage de Sainte-Anne la Croix devant laquelle les pèlerins avaient prié. Pour recevoir ce précieux souvenir, il fallait une fête grandiose, digne de la Croix, de notre Patronne et des Bretons.

Elle eut lieu, le 14 septembre 1886, avec un magnifique éclat.

La veille de la fête une longue procession se déroulait, à travers les flots de pèlerins, sur la route qui va de la gare à Sainte-Anne C'étaient les hommes d'Auray — près d'un millier — qui venaient nous apporter la croix de Jérusalem, comme leurs pères, en 1639, avaient apporté à Keranna la relique donnée par Louis XIII. Le 8 septembre, les vaillants chrétiens de Pluneret avaient été prendre à la gare cette croix si désirée ; conduits par leurs prêtres et par ceux de la Basilique, ils lui avaient donné, avec enthousiasme, le premier hommage de la piété bretonne, et jusqu'aujourd'hui, elle avait reposé dans leur église, où leur vénération lui fit pendant cinq jours une garde d'honneur. Telle était la vivacité de leur foi, qu'il fallut faire un énergique appel à leur charité, pour qu'ils consentissent à partager avec leurs voisins la gloire de porter cette croix. Honneur aux populations chrétiennes chez qui sont encore possibles ces saintes rivalités !

Vers quatre heures, nous étions réunis à la Scala-Sancta. Sur l'élégante tribune adossée au monument, avaient pris place Mgr Coullié, évêque d'Orléans, Mgr Laborde, évêque de Blois, et Mgr Bécel, évêque de Vannes. Un grand nombre de prêtres, venus de différents diocèses, les entouraient ou se mêlaient aux quinze mille pèlerins qui se pressaient dans le Champ de l'Épine.

Lorsque la Croix, portée sur les épaules des hommes de foi qui avaient réclamé cet honneur, parut dans la vaste enceinte, il y eut dans cette multitude attentive comme un frémissement. Et quand la Croix glorieuse — elle est de chêne, pour symboliser la Bretagne — fut dressée près de la tribune, une immense acclamation jaillit de toutes les poitrines : Vive la Croix ! et l'on chanta le cantique composé pour la circonstance par Mgr l'évêque de Vannes :

> A la mère de Marie
> Nous apportons cette croix,
> Et chacun de nous s'écrie :
> J'aime, j'espère et je crois !

Dans la soirée, les pèlerins arrivaient toujours. Ils étaient vingt mille, au moment de la procession aux flambeaux. Lorsque la foule fut réunie dans le Champ de l'Épine, l'aspect de cette vaste enceinte était vraiment splendide. Au fond, le monument avec ses tentures multicolores, ses écussons, ses oriflammes. Des croix de lumière, se détachant sur la verdure, brillaient au milieu des cordons de flamme qui entouraient la tribune et garnissaient les rampes du Saint-Escalier. Tout autour, les murs, les arbres, les maisons du village, la fontaine resplendissaient, et sous un ciel qui devait rappeler aux pèlerins de Jérusalem la splendeur des nuits orientales, les milliers de cierges que portaient les fidèles formaient un océan de lumière.

Les prières succédaient aux cantiques d'allégresse, qui étaient aussi de ferventes prières. On récita le chapelet, pour l'église, pour la France, pour la Bretagne, pour nos chers morts, et rien ne peut rendre la beauté de cette scène où tout un peuple saluait la Vierge avec cette foi vive qui ne connaît ni les défaillances, ni le respect humain.

Il était juste que le R. P. Bailly, l'intrépide directeur des pèlerinages à Jérusalem, prît la parole en cette circonstance solennelle. Il le fit, d'une voix brisée par la fatigue,

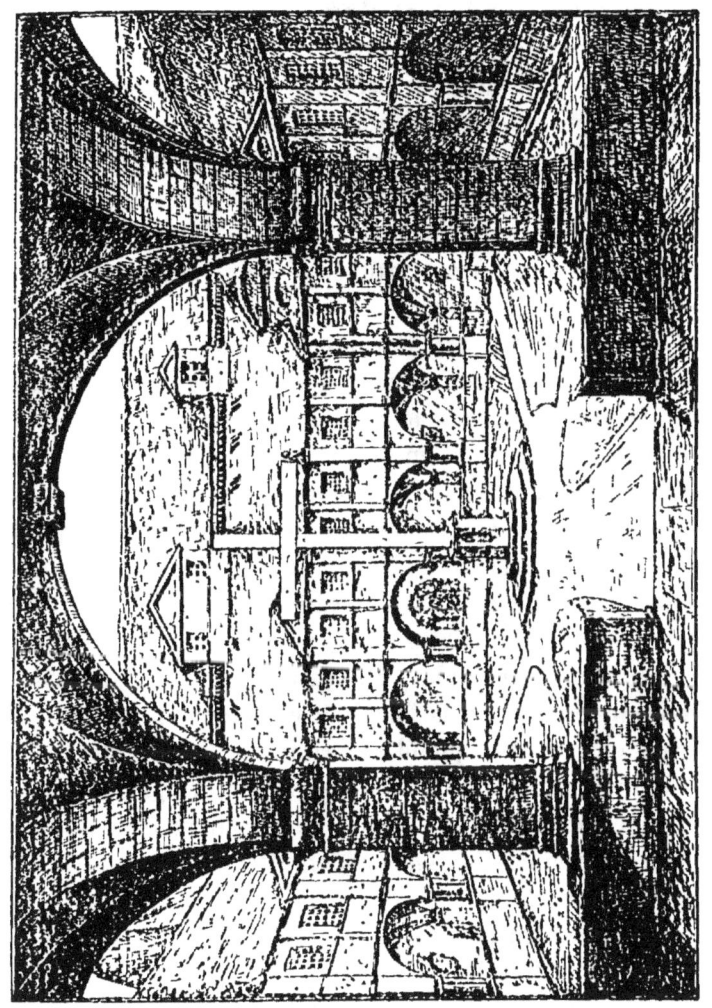

La Croix de Jérusalem.

mais avec une chaleur d'accent où l'on reconnaissait le vaillant promoteur de tant d'œuvres que Dieu bénit.

La procession se dirigea ensuite vers le cloître, au chant des cantiques français et bretons, qui se succédaient, se croisaient au milieu des lumières, mêlant les dialectes et les mélodies, et formant un ensemble indescriptible, où l'harmonie jaillissait des contrastes, car ces mélodies naïves, prêtant des ailes aux strophes, pleines d'enthousiasme, exprimaient bien les sentiments d'un peuple chantant sainte Anne et la Croix.

Le vieux cloître des Carmes resplendissait. Des lignes de flammes mettaient en relief les beautés sévères de son architecture ; à chaque fenêtre, au milieu des hermines de Bretagne, apparaissait en lettres de feu une invocation des litanies de sainte Anne ; aux angles et au milieu de chacun des côtés, la croix potencée de Jérusalem et les quatre croisillons rappelaient le but spécial de la solennité.

Au centre du cloître, s'élevait le socle de granit qui attendait la Croix. Cette place, vide encore, où devait se dresser l'arbre du salut, contrastait avec les splendeurs environnantes. Mais la joie était dans tous les cœurs — et l'espérance. Aussi, quand se termina le long défilé, quand les lumières s'éteignirent avec les chants, les pèlerins, heureux de cette première journée, remerciaient Dieu qui leur avait accordé ces jouissances, en attendant la grande fête du lendemain.

Ce lendemain fut un grand jour. Le ciel était radieux comme la veille ; les pèlerins arrivaient sans cesse. Combien étaient-ils, quand vint l'heure de la messe à la Scala-Sancta ? vingt-mille, vingt-cinq mille peut-être : nous ne savons au juste ; ils remplissaient la Basilique, les rues du village et la plus grande partie du Champ de l'Épine.

La fête n'avait pas été interrompue. Pendant la nuit, la Basilique et le cloître retentissaient du chant des cantiques ; les prières continuaient avec une admirable ferveur ; les confessionnaux étaient assiégés par une foule de fidèles, et, depuis minuit, le Saint-Sacrifice était offert à tous les autels de l'église. Aussi les communions furent-elles nombreuses : on voit bien que nos pèlerins ne voyagent pas comme des touristes que la curiosité attire, qu'ils viennent vaillamment à Sainte-Anne accomplir un acte de foi.

Mgr Goux, évêque de Versailles, arriva le matin, heureux de se joindre à ses vénérés collègues pour fêter avec nous le triomphe du Rédempteur.

Après l'évangile de la messe célébrée par Mgr l'évêque de Blois à l'autel de la Scala-Sancta, M. le chanoine Bourdon, curé-archiprêtre de Saint-Malo, prononça un discours où il exposa, en une suite de tableaux saisissants, les gloires, et les bienfaits de la Croix

Une immense acclamation lui répondit : *Vive Jésus ! Vive la Croix !* C'était un véritable enthousiasme.

Ce discours produisit sur les fidèles une impression profonde.

La messe terminée, au moment où l'on allait détacher la croix pour la porter au cloître Monseigneur l'Évêque de Vannes, adressa d'émouvantes paroles à la foule. Il commenta éloquemment ce texte de l'écriture : *Depositum custodi.* Gardez le dépôt : gardez-le fièrement : gardez-le toujours...

» C'est un engagement d'honneur, s'écria-t-il, qui nous est demandé. Ne le prenez pas sans y réfléchir encore. Écoutez-moi donc : Jurez-vous de garder fidèlement ce dépôt sacré ? Jurez-vous de le défendre coûte que coûte ?

Jurez-vous de vous montrer toujours dignes d'une aussi sainte et salutaire mission ? »

Ce fut alors une scène d'une incomparable grandeur. L'auditoire, saisi d'une émotion profonde, répondit tout d'une voix : Nous le jurons ! Et ce n'est pas, certes, une parole vaine : le mal peut grandir, l'impiété peut croire à son triomphe ; mais nous avons la Croix, nous sommes à Jésus, et dans l'avenir comme aujourd'hui, nous saurons les défendre et les aimer.

Tout était prêt : la procession se mit en marche et les pèlerins de Jérusalem, pieds nus, prirent sur leurs épaules la croix pesante qu'ils étaient si fiers de porter. Il y avait là des chrétiens de toute condition — hommes du monde, prêtres, paysans — tous unis dans une même charité, et réalisant aux pieds de Jésus la véritable égalité que les utopistes ont toujours poursuivie en vain.

Par mesure de prudence, la foule avait été arrêtée à l'entrée du cloître. Quand nous y arrivâmes, la croix était debout sur son piédestal. Alors les grilles furent ouvertes et les pèlerins, priant, chantant, pleurant, continuèrent leur procession avec une piété qui arrachait des larmes Le défilé dura longtemps, car tous voulaient s'approcher du calvaire, baiser le pied de la croix triomphante et y faire toucher les pieux souvenirs qu'ils emportaient de leur pèlerinage.

Nous l'avouons volontiers, ce qui nous frappe dans cette manifestation incomparable, c'est l'élan de foi dont nous avons été les heureux témoins. Le 14 septembre n'était pas une date dans l'histoire de Sainte-Anne ; mais, une nouvelle a été annoncée, un appel a été fait, et aussitôt des milliers de pèlerins sont accourus, croyants, enthousiastes, heureux, et les annales de la Basilique bretonne peuvent enregistrer un triomphe de plus. Qu'on dise, après cela, que la foi ne transporte pas les montagnes !

La fête allait finir. Après les vêpres solennelles, beaucoup de pèlerins étaient partis. Il en restait pourtant un grand nombre encore, et le soir, la station au pied de la croix, dans le cloître illuminé, rappela les magnificences de la veille. Les cantiques retentissaient avec le même entrain, auquel se mêlait cette douce mélancolie inséparable du moment des adieux. Debout sur les degrés du calvaire, Mgr l'Évêque de Blois résuma les impressions et les enseignements de ce beau jour, en commentant avec âme deux mots : *Souvenir, Avenir*.

Ses paroles ne seront pas oubliées : avec les joies qui ont rempli nos cœurs, nous emporterons de ces fêtes une espérance et une force.

Rappelant les merveilles que chante l'Église en cette solennité, nous avons exalté la Croix ; autour d'elle la foi d'un peuple et son amour pour le Christ ont brillé d'un vif éclat, et ce bois, à jamais sacré pour nous, a reçu les hommages de tous [1]. Viennent maintenant les jours d'épreuve ; ce n'est pas en vain que la croix de Jérusalem a été plantée au cœur de la Bretagne : nous la garderons et elle nous gardera.

---

[1] Nobile lignum exaltatur, Christi fides rutilat, dum crux ab omnibus veneratur.

QUATRIÈME PARTIE

LES FAVEURS

✣

François Talhoet. — Une guérison. — Comment on obtient une âme. — Une conversion. — Un enfant sauvé. — Lettre d'un naufragé.

Pour consacrer la gloire des Saints, Dieu attache à leurs restes ou à leur image une force qui manifeste sa puissance ; et la grande voix des miracles appelle à leurs pieds les foules attirées déjà par le charme de leurs vertus. Cette consécration n'a pas manqué au pèlerinage de Sainte-Anne. Nicolazic avait à peine fait connaître au monde les révélations de sa *bonne maîtresse*, que déjà les prodiges venaient confirmer sa parole.

Dès 1632, Mgr de Rosmadec, ayant fait examiner mûrement les guérisons obtenues par l'intercession de sainte Anne, les déclara authentiques et conformes à la toute-puissance de Dieu. Le P. Hugues de Saint-François, qui publia son premier recueil en 1634, en donna d'autres éditions en 1637, 1645, 1646 et 1647. La plupart des faits qu'il raconte furent examinés par des docteurs ; « le reste, ajoute-t-il, n'a pas moins de probabilité et de vérité. Au reste, ce sont toutes faveurs de la bonté de Dieu, pour honorer sa très sainte ayeule, qu'on peut lire comme une histoire pieuse, afin de s'en édifier et avoir recours au mesme throsne de ses miséricordes, en pareilles nécessitez. »

Cette conclusion est aussi la nôtre.

Voici un exemple bien frappant de guérison, tiré du recueil publié en 1657 ; nous citons textuellement.

LE MENDIANT D'HENNEBONT.

« François Talhoët, devenu paralytique, se traisna sur deux petits chevalets, dans les églises et par les rues de la ville d'Hennebont, demandant l'aumosne, l'espace de six ans. L'affluence des pèlerins qui alloient à Sainte-Anne, luy fit naitre le désir d'y aller : il s'y traisna en six jours, faisant une lieue par jour. Estant arrivé, il fit ses prières devant l'Image miraculeuse, se confessa et communia. Le lendemain de la feste de sainte Anne, après vespres, il aperçut un grand feu autour du tableau qui représente l'Invention de l'Image, lequel se communiqua à tous ses membres froids et perclus ; il alla à la fontaine et se lava de l'eau qui est au-dessous, dans le lavoir des pèlerins ; il ressentit un craquement de tous ses os, et une chaleur extraordinaire en ses nerfs, avec une douleur véhémente, qui l'obligea de s'écrier et jetter par terre sur le costé. Il se traisna ensuite devant l'Image miraculeuse, redoublant sa confiance en la glorieuse Sainte, qui ne la luy dénia pas ; car, après une véhémente douleur, qui fut la dernière, des personnes charitables le relevèrent sur ses pieds, et le conduisirent sous le cloistre des pèlerins, pour se coucher. Le lendemain matin, il se leva debout, alla à l'église remercier sa bienfaitrice, et s'en retourna à Hennebont, sautant de joye ; où toute la ville, surprise de ce miracle, alla le voir par dévotion. »

Deux enquêtes, l'une du 18 novembre, l'autre du 17 décembre 1644, ordonnées par la Cour royale d'Hennebont, constatèrent la réalité de la guérison[1].

Il serait facile de citer d'autres faveurs, d'après nos vieux auteurs et le recueil manuscrit des Carmes, volumineux in-quarto de près de 800 pages, qui renferme les grâces obtenues de 1625 à 1647. Nous l'avons fait dans l'*Histoire du pèlerinage*. Mais forcé de nous borner dans cette édition populaire, nous croyons faire plaisir à nos lecteurs, en puisant dans le nouveau registre, où sont inscrits les faits contemporains, depuis 1865.

Avant de les rapporter, nous tenons à renouveler la déclaration qui se trouve en tête de cet ouvrage. Ne voulant pas leur attribuer un caractère qui n'a pas été reconnu par un jugement officiel de l'autorité ecclésiastique, nous les donnons seulement comme des faits historiques revêtus de toutes les conditions qui en assurent l'authenticité. Aller plus loin serait téméraire, puisque l'Église seule a le droit de déterminer le point où s'arrêtent les phénomènes naturels et où commence le miracle.

UNE GUÉRISON.

Mlle Léonide Poisson, d'Angers, souffrait depuis huit ans d'une irritation d'estomac, qui ne lui permettait pas de garder la moindre nourriture. Après avoir usé de tous les remèdes, sans éprouver de soulagement, elle était tombée, au mois de septembre 1863, dans un état inquiétant de faiblesse et de langueur.

Pendant une des visites que lui faisait son confesseur

---

[1] Registre manuscrit des faveurs de Sainte Anne, folio 588, aux archives du Pèlerinage.

pour la distraire et l'encourager à souffrir, elle lui parla d'un voyage à Sainte-Anne.

— Il y a longtemps que j'y pense, ajouta-t-elle ; si je le fais, je serai guérie.

Plusieurs fois elle répéta ces paroles, avec une conviction de nature à étonner ; à peine admettait-elle la possibilité d'une déception.

— Le bon Dieu, lui disait-on, ne s'est pas engagé à exaucer tous ceux qui lui demanderont leur guérison par l'intercession de sainte Anne.

— Quoi ! vous doutez ! répondait-elle ; je vous dis que, si je vais à Sainte-Anne, je serai guérie.

Sur ces entrefaites, sa mère, qui était absente, arriva. La malade lui fit part de son projet et de ses espérances, répétant toujours :

— Si je vais à Sainte-Anne, je serai guérie.

Le voyage fut arrêté, et le jour du départ fixé au lundi 5 septembre. A cette époque, son estomac ne gardait pas même une goutte d'eau, et sa faiblesse était si grande qu'elle n'aurait pu faire cent pas. Une voiture vint la chercher pour la conduire au chemin de fer. A Nantes, on la transporta chez une de ses tantes, où elle essaya de manger ; mais elle rejeta sur-le-champ ce qu'elle avait pris, comme elle le faisait depuis huit ans.

Arrivée à Sainte-Anne par le dernier train, vers huit heures et demie du soir, elle voulut aussitôt se rendre à la fontaine ; sa mère et son confesseur l'accompagnèrent. Alors la pauvre jeune fille, à genoux au bord de la piscine, puisa de l'eau, fit le signe de la croix et but, en leur disant : Je ne la vomirai pas.

C'est ce qui arriva. Rentrée à l'hôtel, elle prit du bouillon, qu'elle ne rejeta point, et « depuis lors, dit la lettre que nous avons sous les yeux, elle n'a pas vomi une seule fois. (15 novembre 1864.)

Le lendemain, son confesseur célébra la messe à son intention, et quand il rentra à l'hôtel, elle lui dit :

— Monsieur l'abbé, je suis guérie ! sainte Anne m'a guérie !

A partir de ce jour, elle put marcher facilement ; les vomissements cessèrent, la faiblesse disparut ; la guérison était complète.

Le 25 juillet 1865, Mlle Poisson faisait à Sainte-Anne son pèlerinage d'actions de grâces ; et le supérieur du Petit-Séminaire, après avoir causé avec elle au parloir, écrivait sur le registre des faveurs : « Sa santé se soutient admirablement depuis sa guérison [1]. »

COMMENT ON OBTIENT UNE AME.

En 1864, vivait à Paris un employé du chemin de fer de l'Ouest, nommé Georges V... Sa vie n'était rien moins qu'édifiante ; l'oubli de ses devoirs religieux, favorisé par les tristes nécessités de sa position, l'avait conduit au vice de l'ivrognerie.

La femme de ce malheureux, pieuse Bretonne des environs de Rennes, gémissait des désordres de son mari, et employait tous les moyens pour le ramener à Dieu. Elle avait multiplié les neuvaines et les prières, elle avait supplié et pleuré. Mais le ciel, voulant l'éprouver encore, n'exauçait pas ses prières, et son mari, insensible à ses larmes, s'abandonnait toujours à son funeste penchant.

---

[1] Recueil des faveurs. — N° 4. — Lettre de M. Ledoyen, vicaire cathédrale à Angers.

La pauvre femme souffrait depuis douze ans, lorsque, se souvenant des merveilles opérées par l'intercession de sainte Anne, dans son sanctuaire de Bretagne, elle sentit renaître son courage et prit une résolution héroïque. De Paris à Sainte-Anne il y a plus de cent lieues ; elle les fera à pied, pour obtenir, à force de souffrances, la conversion de son mari.

Une fois décidées, ces âmes énergiques n'attendent pas. Sans parler à personne de son voyage, elle se met en route, soutenue par son courage chrétien. En arrivant à Sainte-Anne, les pieds sanglants, le corps brisé, elle se rend à la chapelle et reste longtemps en prière devant la statue miraculeuse. Alors, seulement, elle songe à sa fatigue et va à la fontaine, pour s'y laver les pieds. Au contact de l'eau sainte, la douleur disparaît, et la pauvre femme espère.

Sans doute, elle remercie sainte Anne de cette faveur ; mais ce n'est pas pour elle qu'elle l'implore, et, bientôt, à genoux devant l'Image vénérée, elle recommence ses prières et ses supplications.

Cependant quelque chose lui dit que le moment de la joie n'est pas venu encore ; triste, mais forte, elle reprend à pied son long voyage, et rentre dans sa demeure où son mari l'accueille par de dures paroles : « D'où viens-tu ? » lui dit-il. Elle garde le silence. Il la frappe brutalement.

De pareils procédés ne pouvaient vaincre la sainte obstination de cette âme d'élite ; gardant au fond de son cœur son secret et son espérance, elle se promet de ne pas reculer devant le sacrifice, et bientôt elle repart pour Sainte-Anne, à pied comme la première fois.

Prosternée devant la Statue, elle prie avec ferveur, décidée, elle l'a dit elle-même, à l'emporter ou à mourir.

— Bonne sainte Anne, disait-elle en pleurant, convertissez mon mari ; je reviendrai à pied, tant que vous ne m'aurez pas donné son âme. Vous exaucerez ma prière, ou je mourrai de fatigue en chemin.

Sainte Anne est mère ; comment résister à de si touchantes supplications ? La pauvre femme entendit en son cœur une voix qui lui disait : « Pars, tu trouveras ton mari converti. »

Sans hésiter un instant, sûre d'avoir été exaucée, elle part et arrive à la gare de Montparnasse. Son mari est là, sans savoir pourquoi il est venu ; il l'accueille avec affection et lui dit, tout ému :

— Je ne sais pas d'où tu viens, mais, depuis ton départ, j'ai été agité, bouleversé. Je n'étais plus le même, et il m'a fallu aller à confesse ; j'ai communié. Désormais je veux remplir mes devoirs de chrétien, et te faire oublier tes peines. Tu seras heureuse, je te le promets.

Le converti apprend alors tout ce que sa pieuse femme a fait pour lui : sa résolution héroïque, ses voyages, ses fatigues ; et, répondant par des larmes à ces paroles qui lui montrent ce que peut la foi, il se propose bien de ne jamais manquer à ses engagements.

Dieu lui a fait la grâce d'y rester fidèle. Pour accomplir plus facilement ses devoirs de piété, il travaille la nuit, au lieu de travailler le jour ; il prie avec ferveur, communie au moins une fois par semaine, et, malgré la fatigue de son nouvel emploi, il a retrouvé le bonheur qu'il avait perdu.

Tous les ans, M. V... fait à Sainte-Anne un pèlerinage d'actions de grâces. Dans son humilité, aussi grande que son repentir, il a voulu qu'un ex-voto, suspendu dans la chapelle, mit sous les yeux des pèlerins le récit de ses égarements et de la faveur dont il a été l'objet[1].

UN ENFANT SAUVÉ.

Le 27 avril 1865, vers une heure après-midi, François Dréan, accompagné de sa femme, de sa fille et de son valet de ferme Joachim Jaric, conduisait vers un de ses champs une charrette chargée de filasse et traînée par deux bœufs.

Son fils Joseph-Marie, âgé de quatre ans, suivait l'attelage.

Lorsqu'on arriva à l'endroit choisi pour faire sécher la filasse, Marie-Anne Dréan monta sur la charrette pour décharger les gerbes.

Tout à coup les bœufs s'épouvantent et se rejettent brusquement du côté où l'enfant jouait. En un instant il est renversé ; la roue gauche de la charrette nouvellement ferrée va lui fracasser le crâne.

Le malheureux père veut voler au secours de son fils ; atteint lui-même en pleine poitrine par un des pieux de la charrette, il est renversé du côté opposé. Il se relève promptement et voit son fils étendu sur le côté gauche, la tête dans une ornière profonde de quelques centimètres seulement.

La charrette était inclinée de cinquante ou soixante centimètres ; la roue était arrêtée sur la tête du petit Joseph, qui supportait donc tout le poids de la charge, six cents kilogrammes au moins.

Son père le saisit par la robe, le retire sans aucun

[1] D'après les déclarat. de M. et de Mme V..., dans leurs pèlerinages.

effort, et voit avec effroi la roue descendre immédiatement à la place qu'occupait la tête de l'enfant.

M. Carel, vicaire à Plouay, a examiné très attentivement l'ornière ; il affirme que le fond est très uni, très dur et ne présente aucune cavité qui ait pu abriter la tête de l'enfant.

Au moment où on l'a retiré, le petit Joseph rendait le sang par la bouche, les narines et les oreilles. Son bonnet était coupé au-dessus de l'oreille ; du reste aucune blessure extérieure. Au bout de quelques instants, il se trouvait très bien et recommençait à jouer avec toute l'insouciance de son âge.

Vers le soir du lendemain, l'enfant commença à se plaindre. Ses parents remarquèrent alors pour la première fois, au-dessous de l'oreille droite, l'empreinte bien visible d'un clou de charrette, une autre empreinte semblable sur le nez près de l'œil. Les douleurs s'accrurent rapidement ; enfin, dans la nuit, les voisins s'assemblèrent pour assister à l'agonie du pauvre enfant.

Plusieurs fois on le crut mort. Tout espoir semblait perdu. On priait même pour que Dieu daignât mettre un terme à ses souffrances, lorsqu'une femme, surprise de la marche irrégulière de cette agonie, dit tout haut à ses parents :

— Si vous l'avez voué à quelque saint, il faut vous dégager de votre vœu.

La mère déclara qu'au moment où son fils tombait, la veille, sous la roue de la charrette, elle l'avait voué à sainte Anne et avait promis de faire dire une messe à notre chapelle.

— Oh ! dit le père, si la bonne sainte Anne veut me

rendre mon fils, je lui donne en outre le meilleur de mes bœufs.

Aussitôt l'enfant reprit connaissance et commença à parler. Le lendemain il chantait gaiement dans son lit ; le surlendemain il courait les champs.

Fidèle à sa promesse, François Dréan a fait estimer son bœuf à la foire ; il en apporte aujourd'hui le prix à sainte Anne, 225 fr. Son fils Joseph joue dans la sacristie pendant que nous recevons la déposition de ses parents qui pleurent encore de joie.

On voit très bien l'empreinte du clou sous l'oreille de l'enfant, une petite cicatrice sur le nez et une ligne bleuâtre montant de la racine du nez au sommet du front[1].

UNE CONVERSION

La lettre suivante, écrite par un prêtre vénérable, directeur d'un collège de notre province, raconte un trait édifiant, que nous sommes heureux de faire connaître à nos lecteurs :

Un jeune homme, appartenant à une famille très honorable et très chrétienne, après avoir fait ses études dans notre collège, où il se montra toujours très bon élève, sous le double rapport du travail et de la piété, oublia plus tard, au contact du monde, la ferveur de ses premières années.

Sans être scandaleux, au moins dans l'opinion du vulgaire, il s'était jeté à pleines voiles dans la dissipation mondaine, n'aspirant qu'après le plaisir, fréquentant beau-

---

[1] Déposition recueillie par M. l'abbé Kerdaffret, supérieur du Petit-Séminaire de Sainte-Anne, le 2 juin 1865. — *Recueil des faveurs*, n° 7.

coup les bals et autres réunions de ce genre, mais bien peu les églises.

Il visitait, en touriste et non en pèlerin, le sanctuaire de Sainte-Anne, à la fin de l'automne dernier (1865).

Il a à peine franchi le seuil, si perpétuellement foulé par des multitudes pleines de foi, qu'il se sent tout autre intérieurement, et dès qu'il est devant l'autel de la sainte protectrice des Bretons, son orgueil est terrassé, la vanité du monde lui apparaît vivement ; il est converti.

Au même moment, comme un autre Saul sur le chemin de Damas, il dit :

— Seigneur, que voulez-vous que je fasse ? Et Dieu lui dit que, pour sauver son âme, il eût à quitter les espérances de ce monde et à entrer dans une congrégation religieuse.

Peu de temps après, il faisait une sérieuse retraite, à la suite de laquelle il obéit à la voix intérieure qui lui avait parlé.

Laissant à ses frères les richesses et les honneurs, il commença une vie nouvelle, avec une ferveur qui ne s'est jamais démentie, depuis le jour où, à peine entré au noviciat, il nous écrivait, pour nous faire part de son bonheur[1].

UN INCENDIE.

(Récit d'un témoin.)

Le 2 septembre 1869, vers onze heures du soir, un épouvantable incendie se déclarait dans la partie nord du petit bourg de Calac (Morbihan). Sept maisons devinrent en un instant la proie des flammes.

[1] *Recueil des faveurs*, n° 12.

Neuf ménages s'y trouvaient installés ; tout fut brûlé, excepté quelques mauvais meubles que l'on put à grand peine arracher au terrible ennemi. Rien n'était assuré. Heureusement personne n'avait péri.

Arrivé sur le théâtre de l'incendie, au premier cri d'alarme, je fus témoin d'une de ces scènes horribles qu'il est impossible de décrire.

Tout déjà était en feu ; un vent nord-est assez violent poussait la flamme sur l'église et sur le reste du bourg. De l'aveu de tout le monde, tout devait périr malgré nos efforts et nos précautions.

Alors on eut la pensée de la bonne sainte Anne, on implora sa protection, et, à l'instant même, le vent cessa comme par enchantement ; au point qu'un moulin à vent, parfaitement situé au nord du bourg et qui jusque-là travaillait avec activité, se trouva tout à coup arrêté au grand étonnement du meunier.

Il ne m'appartient pas de juger ce fait ; mais ce que je dirai bien haut, c'est que la population a été singulièrement frappée de cette coïncidence de l'invocation à sainte Anne et de ce calme qui apparait en même temps dans le ciel.

LETTRE D'UN NAUFRAGÉ.

J'ai l'honneur de vous adresser ce court rapport sur le naufrage dont j'ai été si miraculeusement sauvé, seul de tout mon équipage.

Parti, le 25 mars 1874, de Boulogne-sur-Mer, le brick-goëlette l'*Aigle* jetait l'ancre, le 7 avril, en rade de Socoa. Le 13 (lundi soir) il s'éleva une tempête affreuse qui, à minuit, avait atteint toute sa violence. Le 14, à 5 h. du matin, toutes les chaînes et amarres étaient brisées et le navire se trouvait complètement échoué au milieu des brisants et des récifs, trop loin au large pour pouvoir espérer aucun secours.

A ce moment, il fallut à l'équipage abandonner le pont et se réfugier dans le mât de misaine, où je me trouvais moi-même le plus haut placé avec mon fils âgé de quatorze ans.

Il n'y avait pas à se le dissimuler, tout secours étant impossible, nous n'avions qu'à songer à la mort. Il eût fallu pour nous sauver un miracle, que nous avons demandé.

Dans ce moment d'angoisse, sainte Anne ne fut pas oubliée et chacun implora, plein de confiance, Celle qui se nomme à si juste titre la protectrice des marins. Ah ! sans doute, elle nous accorda sa protection, et si elle ne servit pas sur la terre à ceux qui ne sont plus, elle ne leur fit pas défaut devant le tribunal de Dieu

A 10 h. 1/2, le mât sur lequel nous nous étions réfugiés tomba à l'eau, en nous entraînant dans sa chute Une seconde après, j'avais perdu de vue tout mon équipage. Un instant, sur la crête d'une lame, j'aperçus mon pauvre enfant engagé dans les haubans et me tendant les bras en m'appelant.

Trois fois, pour l'atteindre, je fis des efforts surhumains, et, trois fois, je fus repoussé par les lames, comme par une main invisible et providentielle. Je dis providentielle, car si j'avais pu atteindre mon fils, nous périssions tous deux.

Je dus donc me laisser emporter par les lames qui me poussaient au rivage ; mais, avant d'y arriver, bien d'autres dangers m'attendaient.

Au moment où la mer furieuse me séparait de mon fils, un homme de mon équipage, déjà disparu sous l'eau, me saisissant par les deux jambes, m'entraîna avec lui dans l'abîme. Je pus m'en dégager, mais je ne sais comment.

Mes forces étaient à bout, et ce fut à cette heure que je reconnus surtout la protection de sainte Anne que j'avais déjà invoquée avec tant d'ardeur.

En effet, au moment où, épuisé, je reparaissais sur l'eau, il se trouva là, à portée de ma main, une planche qui fut pour moi la planche du salut.

Je la saisis, mais bien que soutenu un peu par elle, les flots me portaient sur des rochers où je devais être inévitablement brisé, lorsque cette planche, suivant une direction que lui imprimait une main invisible, fit doucement le tour des écueils et me porta sur la plage où je fus recueilli.

Tel est en quelques lignes le récit de ce triste évènement dont je vous garantis toute l'exactitude.

Je vous le dis et je ne fais que le répéter après les six cents hommes témoins de mon naufrage, mon salut a été un miracle, et ce miracle, je l'attribue à la puissante intercession de sainte Anne que j'ai invoquée[1].

V^t Lautram,

Capitaine du brick-goëlette l'*Aigle*.

---

[1] *Recueil des faveurs*, n° 128.

APPENDICE

I

AUTOUR DE LA BASILIQUE

Le trésor. — Reliques, couronnes, objets précieux. — Du Haut de la tour. — La statue. — La Scala-Sancta.

De la sacristie de la Basilique, remarquable par la simplicité et le bon goût de son ameublement, on passe dans les salles du Trésor, où sont réunis un grand nombre d'objets précieux.

Citons d'abord les reliques de sainte Anne :

Celle que donna Louis XIII est enfermée dans un humble reliquaire que l'on fait baiser aux pèlerins.

Dès le début du pèlerinage, l'abbesse de la Joie, à Hennebont, en donna une autre, que l'on vénère devant la statue miraculeuse ; l'authentique, soigneusement conservé, n'en indique pas la provenance.

En 1858, l'impératrice Eugénie fit don à la chapelle d'un beau reliquaire contenant une autre relique venant de Rome. Ce reliquaire, en argent massif, a la forme d'une croix, ornée de médaillons émaillés et d'un grand nombre d'anges, se détachant en relief sur les détails de la décoration.

Enfin, une châsse en argent et en cristal, que l'on porte aux processions solennelles, contient trois petits reliquaires de vermeil, en forme de cœur, où l'on voit des reliques de saint Joachim et de sainte Anne, avec un fragment de la maison de la sainte Vierge.

Après les reliques, les couronnes, qui furent bénites le 30 septembre 1868. Elles sont en filigrane d'or, d'un travail très délicat, qui fait le plus grand honneur au talent de M. Désury. Celle de sainte Anne, enrichie des armes en émail du Souverain Pontife et des évêques bretons, est surmontée d'une rose de diamants, en forme de croix. On remarque, au pied de cette croix, un beau saphir, et, plus bas, un diamant de très grand prix. Le cercle d'or de la couronne, surmonté de fleurons en perles fines, est couvert d'émeraudes, de grenats et de topazes. Cet ensemble est riche et gracieux.

La couronne de la sainte Vierge, plus distinguée par la variété des pierres, est entourée de lis d'argent, et ornée de rubis, d'améthystes, de diamants et d'émeraudes.

Un collier de grosses perles et de brillants, que l'on voit à côté, peut aller de pair avec ces magnifiques couronnes.

Nous trouvons ensuite l'arche dorée, dans laquelle on porte, aux grands jours, la statue miraculeuse ;

Une pierre de l'église de Sainte-Anne, à Jérusalem, avec cette inscription :

A Sainte-Anne d'Auray.
Roche du sanctuaire de l'église de Sainte-Anne de Jérusalem.
Prise de possession par la France, le 1er novembre 1861,
Le Consul de France en Palestine,

Edmond de Barrèri.

Les ruines du couvent et de l'église bâtis sur l'emplacement de la maison qu'habitaient saint Joachim et sainte Anne, avaient été cédées à la France par le sultan, en 1856.

Signalons aussi une belle croix de procession, en vermeil, dessinée par M. Deperthes et donnée par M. et Mme Eug. Pérignon (1879) C'est le seul exemplaire qui en ait été reproduit ;

Un magnifique ciboire, enrichi d'émaux et de pierres précieuses, offert à sainte Anne par les pèlerins morbihannais à Lourdes (Juin 1875) ;

Deux beaux calices donnés par Pie IX et par le cardinal Saint-Marc, archevêque de Rennes ;

Une relique de la vraie Croix, souvenir de Mgr Garnier évêque de Vannes ;

Une relique de la B. Marguerite-Marie, renfermée dans une marguerite épanouie ;

Un fragment des marbres donnés par le Saint-Père, portant l'inscription suivante :

IMP. T. C.E. VIII COS.
DOMITIANO C.E. VII [1].

Le trésor de la Basilique possède encore un grand nombre d'objets, précieux par eux-mêmes ou par les souvenirs qui s'y rattachent : ornements mondains, jetés aux pieds de sainte Anne ; croix d'honneur, hommages de la bravoure ; épées offertes par des soldats chrétiens. Celle du général de Charette n'appartient pas au trésor ; elle a été confiée à sainte Anne par le chevaleresque soldat, qui n'a

---

[1] Sous l'empereur Titus, César, consul pour la huitième fois, et Domitien César, consul pour la septième fois.

pas renoncé à s'en servir. Cette épée est une œuvre remarquable. Sur le recouvrement de la poignée, qui est en argent bruni travaillé avec art, se dessine l'hermine de Bretagne, avec les devises : *A ma vie. — Potius mori quam fœdari* ; puis la croix de saint Pierre entourée de palmes, avec cette inscription : *Pro Petri sede. Pio IX Pont. maximo.* Sous la croix, une banderolle porte cette autre inscription : *Victoria quæ vincit mundum fides nostra.* — La poignée est en filigrane d'argent

On peut voir encore la chasuble donnée par Anne d'Autriche, l'ostensoir offert par la duchesse d'Angoulême, et l'ornement brodé par la comtesse de Chambord. La lampe d'argent offerte par la duchesse de Berry est suspendue devant le maitre autel.

Le trésor conserve aussi quelques souvenirs de Keriolet, l'illustre pénitent dont nous avons esquissé la vie : son masque en cire et une partie de son chapeau.

Mgr de Ségur, qui aimait tant sainte Anne, a légué au trésor de la Basilique les objets suivants, qui sont pour notre sanctuaire un double et précieux souvenir :

Une soutane blanche portée par N. T. S. P. le Pape Pie IX, en la 31e année de son pontificat ;

Une plume dont le Saint-Père s'est servi, en novembre 1877, trois mois avant sa mort ;

Une mosette en velours rouge, du même pape, de glorieuse mémoire.

Après avoir visité ces salles curieuses, où l'on voit encore les belles bannières offertes par les paroisses et les diocèses bretons, il faut monter au sommet de la tour, si l'on veut jouir d'un panorama splendide.

Le sol, peu accidenté, permet à la vue de plonger au loin et d'embrasser une grande étendue de pays. De tous côtés, apparaissent les clochers des églises : voici Grand-Champ qui domine les plaines d'alentour, Plumergat aux trois églises, Pluvigner, Brech perdu au milieu d'un bouquet d'arbres, et, quand le ciel est clair, la tour du port de Lorient que l'on aperçoit malgré la distance.

Du côté de la mer, chaque clocher rappelle des souvenirs. C'est la Chartreuse, avec son Champ des Martyrs et son monument funéraire où reposent les ossements des victimes ; Carnac, montrant avec orgueil son mont Saint-Michel et ses alignements de menhirs, énigme pour les archéologues ; Auray, la ville antique, célèbre par la bataille où périt Charles de Blois ; Pluneret, où Nicolazic passa ses dernières années et où l'on aime à prier sur la tombe de Mgr de Ségur ; au bord du Morbihan, Locmariaquer, dont le menhir géant et les allées de pierres étonnent les savants d'aujourd'hui ; dans la presqu'île de Rhuys, Sarzeau qui est fière d'Arthur de Richemont, le grand connétable ; Saint-Gildas, dont la curieuse église conserve les restes vénérés de plusieurs saints. Plus loin, sur l'Océan, se livra le combat naval dans lequel nos rudes ancêtres plièrent devant César ; plus loin encore, voici Quiberon, de sinistre mémoire ; Belle-Ile, la Vindilis d'autrefois ; Houat et Hœdic, qui semblent fermer, à l'horizon, l'immense baie dont les côtes de la Loire-Inférieure sont le prolongement.

La tour de la Basilique, avec sa flèche élégante, forme un piédestal pour la grande statue de sainte Anne qui la surmonte. Cette statue, faite d'énormes blocs de granit de Kersanton, recouverts d'une épaisse dorure, fut bénite par Mgr l'Evêque de Vannes, le 8 décembre 1874.

Après avoir prié à l'Eglise, les pèlerins aiment à visiter la Fontaine et la *Scala-Sancta*. Les vastes proportions de la Basilique ont nécessité le transfert de ce dernier monument dans un espace moins resserré. Il fait face à la route de Vannes, et bientôt on y verra de belles allées d'arbres, qui seront un ornement pour cette enceinte et un abri pour les pèlerins.

II

LES ENVIRONS DE SAINTE-ANNE

Kerloi. — Tré-Auray. — La Chartreuse et le Champ des Martyrs. — Carnac. — Locmariaquer. — Vannes.

Des ouvrages spéciaux ont été écrits sur les évènements dont nous allons parler et les lieux que nous allons décrire. Notre but est seulement de donner ici quelques indications brèves et précises, qui pourront inspirer aux pèlerins de Sainte-Anne le désir de mieux connaitre ce coin de terre que tant de faits mémorables ont illustré.

KERLOI. — C'est là qu'habitait Pierre le Gouvello de Keriolet, le saint pénitent dont nous avons raconté la vie. Il ne reste plus de son château que quelques pans de murs près desquels une maison moderne a été bâtie. Mais les deux chapelles où il aimait tant à prier existent encore : Sainte-Brigitte, du côté de Sainte-Anne ; N.-D.-de-Miséricorde, du côté de Pluvigner Dans la première, il pleurait ses fautes ; dans la seconde, il instruisait les pauvres, devenus ses enfants.

La Bataille d'Auray. — Au milieu des paysages monotones qui entourent Sainte-Anne, se creuse, à l'ouest, une pittoresque vallée, bien digne d'être admirée par les voyageurs. En sortant du village par la route de Treulan, on arrive aux bords d'un petit ruisseau que domine une masse de rochers. L'un de ces blocs, qui semble prêt à se détacher du sommet où il est assis, peut être ébranlé, dit-on, par la main d'un enfant. Est-ce une de ces pierres divinatoires dont se servaient nos ancêtres ? Faut-il y voir l'ouvrage de l'homme ou celui de la nature ? Nous ne nous chargeons pas de répondre à ces questions.

A partir de la *pierre branlante*, le ruisseau continue vers Auray son parcours sinueux. Rien de plus charmant. De chaque côté, des prairies, des champs de blé, des bouquets d'arbres, et, de loin en loin, les pentes rocheuses d'une colline couverte d'ajoncs et de bruyères ; tantôt resserrée entre les pierres, tantôt coulant librement sur le gazon, la petite rivière écume sous la roue des moulins, reflète le feuillage des saules, et retombe en joyeuses cascades, pour se perdre enfin dans les marécages qui touchent au *Champ des Martyrs*.

Ici, le paysage se transforme, les collines s'écartent, pour laisser voir une grande plaine triste et sombre, comme il convient à ce théâtre de sanglants souvenirs.

C'est là que se termina la guerre de *la succession*, qui bouleversa la Bretagne, au XIVe siècle. En 1340, le duc Jean III étant mort sans enfants, sa nièce, Jeanne de Penthièvre, mariée à Charles de Blois, neveu du roi de France, vit ses droits reconnus par les États de Bretagne :

mais Jean de Montfort, frère du dernier duc, réclama la couronne et fit appel aux Anglais. La France soutenait Charles de Blois. La mort de Jean de Montfort ne mit pas fin à la guerre : sa veuve, que la poésie populaire a nommée Jeanne la Flamme, recueillit ses prétentions avec son héritage.

Pendant 24 ans, la Bretagne fut le théâtre d'une lutte acharnée, qui devait trouver son dénouement dans la plaine que nous venons de décrire. Le 29 septembre 1364, les deux armées se rencontrèrent. Du côté de Sainte-Anne, Blois et la France ; sur les collines opposées, l'Angleterre et le jeune comte de Montfort; dans les deux armées, des Bretons. L'élite de la noblesse se pressait autour de Charles, qu'accompagnait du Guesclin ; Montfort avait Olivier de Clisson. On sait quelle fut l'issue de cette bataille mémorable : du Guesclin y fut fait prisonnier, Charles de Blois y périt. Une croix de pierre, au bord de l'ancienne route qui conduit d'Auray au Champ des Martyrs, marque l'endroit où il expira.

C'était un héros chrétien. Méprisant les biens du monde, il s'en servait pour enrichir les églises et pour secourir les pauvres ; sa charité était admirable, ses austérités continuelles, sa piété fervente. Chaque jour, il voulait assister au saint Sacrifice, disant *qu'on a toujours assez de châteaux et de villes, mais qu'une messe perdue est une perte irréparable.* Dormant sur la paille, il abrégeait, pour prier, le temps de son sommeil. A sa mort, on le trouva revêtu d'un cilice.

Son corps fut transporté à Guingamp, où Montfort lui fit faire des funérailles solennelles.

La Chartreuse d'Auray et le Champ des Martyrs. — Ce dernier trait nous montre que le vainqueur sut user noblement de la victoire. Pour remercier Dieu de la lui avoir accordée, il voulut qu'une chapelle s'élevât à l'endroit même où furent ensevelis les morts. Dédiée au grand Archange dont l'église célébrait la fête, le jour de la bataille, elle fut appelée Saint-Michel-du-Mont ; neuf chapelains furent chargés de la desservir.

La même année, le duc créa l'ordre de l'Hermine et fit bâtir, près de la chapelle, une vaste salle dans laquelle les chevaliers devaient se réunir, le 29 septembre de chaque année. Ils portaient un magnifique collier formé d'anneaux d'or et d'hermines, avec la devise bretonne : *A ma vie !* Ce glorieux symbole ne pouvait se transmettre dans la famille, après la mort des chevaliers. Leurs héritiers devaient le remettre aux chapelains, qui s'en servaient pour orner les autels de leur église.

Vers la fin du XVe siècle, le duc François II remplaça les chapelains séculiers par des Chartreux, qui furent envoyés du couvent de Nantes. Leur nombre fut fixé à douze, outre le prieur, par une bulle de Sixte IV, en date du 21 octobre 1480.

Grâce à leur vie austère, sanctifiée par la prière et le travail, ils firent prospérer cette fondation nouvelle, augmentèrent leurs revenus et purent répandre autour d'eux les plus abondantes aumônes. Pendant plusieurs siècles, ils vécurent dans cette retraite paisible, où n'arrivaient, des bruits du monde, que les prières des malheureux, toujours sûrs d'être favorablement écoutés. Quand la Révolution française, poursuivant son œuvre sacrilège, dépeupla les monastères, les Chartreux furent obligés de partir, quelques années avant les jours de deuil où cette terre, arrosée par le sang des soldats de Blois et de

Montfort, allait voir tomber d'autres héros lâchement assassinés.

Lorsque les débris de l'armée royale, vaincue à Quiberon (1795), eurent mis bas les armes, croyant à la promesse qu'on leur avait faite de les traiter en prisonniers de guerre, des scènes hideuses succédèrent aux horreurs de la guerre civile Soit que le général républicain, compatissant au sort des vaincus, n'eût voulu, en leur parlant ainsi, que leur adresser des paroles de consolation et d'espérance, soit que la Convention, foulant aux pieds les lois de l'honneur, ait refusé de ratifier sa promesse, les prisonniers furent traduits devant une commission militaire. C'était la mort. Aussi les officiers choisis pour la composer, refusèrent-ils noblement cette tâche odieuse, quand ils entendirent trois cents soldats républicains affirmer qu'il y avait eu une capitulation consentie par Sombreuil, qui s'en exceptait lui-même avec une abnégation héroïque[1]. Il fallut avoir recours aux volontaires étrangers pour trouver des bourreaux.

Deux autres commissions fonctionnèrent à Vannes et à Quiberon. La première fit périr près de six cents émigrés; la seconde en condamna soixante-dix.

Les commissaires d'Auray en firent fusiller deux cents.

L'exécution de ces nobles victimes eut lieu près du marais de Kerzo, dans la plaine à jamais célèbre sous le nom de Champ des Martyrs. Nobles, ouvriers, laboureurs, prêtres même, car plusieurs suivaient l'armée pour prêter aux soldats le secours de leur ministère, personne ne fut

---

[1] Voir, entre autres auteurs, A. Nettement : *Quiberon, souvenirs du Morbihan.* — Ces soldats affirmaient que la capitulation, acceptée par Sombreuil, avait été accordée par le général Humbert.

épargné par les hommes sinistres qui tyrannisaient la France au nom de la liberté.

Une petite chapelle de style de grec, dont la décoration intérieure n'a jamais été terminée, s'élève à l'endroit où tombèrent les victimes : *hic ceciderunt!* [1] De magnifiques colonnes monolithes en supportent le fronton ; mais ce monument parait mesquin au milieu de ces grands souvenirs. A cette place où l'honneur français tomba sous les balles de vulgaires assassins, il eût fallu un temple

Le Champ des Martyrs.

grave comme un tombeau, mais vivant comme la prière et radieux comme l'espérance, une de ces créations sublimes que la foi inspire au génie.

La croix de granit plantée à l'entrée de l'avenue est plus éloquente. Debout sur cette terre où les héros chrétiens sont morts pour la défendre, elle nous rappelle que ce n'est pas trop de donner sa vie pour acheter le ciel.

[1] *C'est ici qu'ils sont tombés* : inscription placée au fronton de chapelle.

En 1814, M Deshayes fit transporter à la Chartreuse les ossements des victimes. Il leur fallait un tombeau digne d'eux ; aussi la France, redevenue chrétienne, accueillit-elle avec enthousiasme l'idée d'ériger un monument sur ces restes précieux. La duchesse d'Angoulême en posa la première pierre, le 20 septembre 1829. Ce jour-là, au milieu d'un immense concours de peuple, eurent lieu l'inauguration du mausolée et la bénédiction de la chapelle du Champ des Martyrs.

Rien dans l'extérieur du monument ne parle à l'âme, si ce n'est l'inscription, si belle dans sa brièveté, qui en décore le fronton :

GALLIA MOERENS POSUIT.

La France en pleurs l'a élevé ;

mais l'intérieur est vraiment remarquable.

Le mausolée, tout en marbre blanc, forme un ensemble d'un goût exquis. Outre les bustes de Talhouët et d'Hervilly, de Sombreuil et de Soulanges, qui se détachent au sommet du sarcophage, il est décoré de tympans, représentant : le premier, la religion déposant une couronne sur un tombeau ; le second, Mgr de Hercé, évêque de Dol, l'une des plus illustres victimes. Deux magnifiques bas-reliefs, œuvre, comme tout le reste, de M. Caristie, se détachent sur les faces longitudinales du monument : à droite, débarquement de l'armée royale, près de Quiberon ; à gauche, Gesril du Papeu, quittant la flotte anglaise pour se remettre entre les mains des vainqueurs.

Au-dessous de ces bas-reliefs, les noms de neuf cent cinquante-deux victimes recouvrent trois côtés du sty-

Monument de la Chartreuse.

lobate [1]. Dans la quatrième face, se trouve l'entrée du caveau, fermée par une porte en bronze d'un remarquable travail. Il est impossible de rendre l'émotion qui étreint le cœur, lorsque le sourd-muet, qui sert de guide, ouvre cette porte et fait descendre sur les ossements entassés la pâle lumière de sa lampe. Ces nobles restes rayonnent; et l'on se prend à redire avec Mgr Gerbet parlant des Catacombes :

> Descendez, le cœur monte et du haut de ces tombes
> On voit les cieux.

En sortant de la chapelle sépulcrale, on peut demander à visiter le monastère. Il est occupé aujourd'hui par les Sœurs de la Sagesse, qui se dévouent à l'instruction des sourdes-muettes.

Plusieurs souvenirs y rappellent les Chartreux, entre autres la chapelle, bâtie au XVIIIe siècle, dont le chœur est richement décoré. Les stalles, habilement sculptées, qu'on y admirait autrefois, se trouvent, en partie, au Père-Eternel d'Auray.

Le cloître, attenant à l'Eglise, renferme une copie incomplète de la vie de saint Bruno, par Lesueur. Entre chaque tableau une inscription, en vers latins d'une bonne facture, donne l'explication des scènes représentées par le peintre.

Auray. — La rivière, encaissée entre deux rives bordées d'arbres et de prairies, les maisons groupées sur le flanc du coteau, s'étageant jusqu'au sommet que dominent

---

[1] Aux noms des royalistes fusillés à Vannes, à Quiberon et au Champ des Martyrs, on a réuni ceux de deux cents soldats morts en combattant.

le campanile de la mairie et le clocher de Saint-Gildas, forment un ensemble ravissant.

Cette ville dont le nom se trouve si souvent mêlé aux évènements de notre histoire, a conservé peu de souvenirs de son passé ; le château bâti par e duc Arthur 1er n'existe plus ; la chapelle de Notre-Lame de Bethléem, dont la flèche légère était une merveille, a complètement disparu ; l'église du Saint-Esprit, fondée par nos anciens ducs, est devenue une caserne.

Si l'on veut avoir un coup d'œil magnifique, il faut monter au belvéder qui couronne la belle promenade du Loch. De là, la vue s'étend sur la rivière coulant au milieu des bois et des villas, le Morbihan et ses iles nombreuses, l'Océan et les campagnes environnantes. Rien de plus varié que cet immense paysage, à la fois imposant et gracieux.

Carnac. — Tout ce pays est couvert de monuments celtiques. Le plus remarquable, formé par onze rangées de menhirs, s'étend sur une longueur de plusieurs kilomètres. Les savants ont fait, à son sujet, les hypothèses les plus diverses ; mais les silencieux menhirs, comme disait Brizeux, ont gardé leur secret.

C'est du Mont-Saint-Michel qu'on embrasse le mieux ce vaste ensemble. Ce tumulus, le plus beau que l'on connaisse, a été fouillé, il y a quelques années : les celtæ, les pendeloques de jade et autres objets qu'on y a trouvés, ont été déposés au musée archéologique de Vannes. Des fouilles récentes exécutées près de Carnac par les soins d'un savant étranger, M. James Miln, ont mis à découvert les ruines d'une bourgade romaine, entourée d'une enceinte fortifiée. Les riches plafonds d'un établissement de bains, des restes de fresques remarquables, prouvent que ce petit village appartenait à quelque grand seigneur ; et il est assez curieux de retrouver ces débris de la civilisation romaine, au milieu des blocs gigantesques dont la solidité a pu braver les siècles.

A Plouharnel, des grottes curieuses, les menhirs de Sainte-Barbe et le dolmen de Corcono méritent d'attirer l'attention des archéologues.

Locmariaquer — Après la conquête, les Romains y établirent sans doute une importante station, car des fouilles récentes ont découvert une foule de débris qui attestent leur séjour prolongé.

Le cimetière a été transporté, il y a quelque temps, sur l'emplacement d'un théâtre datant de l'occupation romaine. Près de la chapelle Saint-Michel, on voit d'autres débris de la même époque, que les habitants du pays appellent le Château, *er Hastel*.

Près de ces souvenirs, les amis du passé admireront les plus curieux de nos monuments celtiques : le Mané-Lud (montagne de la cendre), qui recouvrait un grand dolmen à deux rangées de menhirs ; la *Table de César* ou *des Marchands*, magnifique dolmen, où l'on voit, à l'intérieur, de bizarres sculptures ; le gigantesque menhir, brisé en quatre tronçons, dont le poids dépasse 200.000 kilogrammes ; enfin, le Mané er Hrouec'h (montagne de la fée), où l'on a découvert une crypte remplie d'objets curieux.

Locmariaquer est admirablement situé, à l'entrée du Morbihan. Il est peu de panoramas comparables à celui que forment le goulet de Port-Navalo, l'Ile-aux-Moines, l'Ile d'Arz, la presqu'île de Rhuys et les autres rivages capricieusement découpés du petit golfe, dont les eaux paisibles, s'étendant entre les îles ou écumant autour des promontoires, viennent animer ce riant tableau.

Une excursion à Gavr'inis (île de la Chèvre), permettra de visiter les plus curieux de nos dolmens. Dans la chambre intérieure, les parois sont couverts de signes bizarres qui n'ont point encore trouvé leur Champollion.

Vannes. — Vieille ville qui n'a rien de remarquable, au point de vue moderne,si ce n'est son hôtel de ville et sa préfecture monumentale ; mais elle est riche en souvenirs. La cathédrale, dont la façade principale vient d'être habilement restaurée, offre certaines parties remarquables. On y voit le tombeau de saint Vincent Ferrier. Le souvenir du grand apôtre de la Bretagne est toujours vivant dans la cité où il est mort ; ses solennités sont des fêtes nationales, et de nombreux fidèles aiment à prier devant ses restes vénérés. Une chambre qu'il habitait se voit encore, dans une modeste maison de la rue des Orfèvres.

Le musée archéologique est le plus riche de France en antiquités celtiques. Mais, pendant que se formait cette magnifique collection, grâce aux patientes recherches des savants Morbihannais, d'autres souvenirs sont tombés dans l'oubli : le château ducal de la Motte est devenu un hôtel, et les sièges d'un théâtre remplissent la salle où fut décidée par les Etats la réunion de la Bretagne à la France.

Vannes a conservé, en partie, ses vieilles murailles, où, l'on trouve quelques souvenirs de l'époque gallo-romaine et un grand nombre de maisons antiques, qui donnent à plusieurs de ses rues un aspect tout particulier.

C'est sur la belle promenade de la Garenne qu'ont été fusillées les victimes de la Révolution.

III

PRIERES

1

Dans la Basilique.

LITANIES DE SAINTE ANNE.

Kyrie, eleïson.	Seigneur, ayez pitié de n.
Christe, eleïson.	Jésus-Christ, ayez pitié de nous.
Kyrie, eleïson.	Seigneur, ayez pitié de nous.
Christe, audi nos.	Jésus-Christ, écoutez-nous.
Christe, exaudi nos.	Jésus-Christ, exaucez-nous.
Pater de cœlis, Deus, miserere nobis.	Père céleste qui êtes Dieu, ayez pitié de nous.
Fili redemptor mundi Deus, miserere nobis.	Fils Rédempteur du monde, qui êtes Dieu, ayez pitié de nous.
Spiritus sancte Deus, miserere nobis.	Saint-Esprit qui êtes Dieu, ayez pitié de nous.
Sancta Trinitas unus Deus, miserere nobis.	Sainte Trinité, qui êtes un seul Dieu, ayez pitié de nous.
Sancta ANNA, ora pro nobis.	Sainte ANNE, priez pour nous.
Sancta Anna, avia Christi,	Sainte Anne, aïeule de Jésus-Christ,
Sancta Anna, mater Mariæ Virginis,	Sainte Anne, mère de la Vierge Marie,
Sancta Anna, sponsa Joachim,	Sainte Anne, épouse de Joachim,

Sainte Anne, belle-mère de Joseph, / Sancta Anna, socrus Joseph,
Sainte Anne, arche de Noé, / Sancta Anna, arca Noë,
Sainte Anne, arche de l'alliance du Seigneur, / Sancta Anna, arca fœderis Domini,
Sainte Anne, mont d'Oreb, / Sancta Anna, mons Oreb,
Sainte Anne, racine de Jessé, / Sancta Anna, radix Jesse,
Sainte Anne, arbre fécond, / Sancta Anna, arbor bona,
Sainte Anne, vigne fructifiante, / Sancta Anna, vitis fructifera,
Sainte Anne, issue de race royale, / Sancta Anna, regali ex progenie orta,
Sainte Anne, joie des Anges, / Sancta Anna, lætitia Angelorum,
Sainte Anne, fille des Patriarches, / Sancta Anna, proles Patriarcharum,
Sainte Anne, oracle des Prophètes, / Sancta Anna, oraculum Prophetarum,
Sainte Anne, gloire des Saints et des Saintes, / Sancta Anna, gloria Sanctorum et Sanctarum,
Sainte Anne, gloire des prêtres et des lévites, / Sancta Anna, gloria sacerdotum et levitarum,
Sainte Anne, nuée pleine de rosée, / Sancta Anna, nubes rorida,
Sainte Anne, nuée d'éclatante blancheur, / Sancta Anna, nubes candida,
Sainte Anne, nuée resplendissante, / Sancta Anna, nubes clara,
Sainte Anne, vase rempli de grâce, / Sancta Anna, vas plenum gratiæ,
Sainte Anne, miroir d'obéissance, / Sancta Anna, speculum obedientiæ,
Sainte Anne, miroir de patience, / Sancta Anna, speculum patientiæ,
Sainte Anne, miroir de dévotion, / Sancta Anna, speculum devotionis,
Sainte Anne, rempart de l'Eglise, / Sancta Anna, propugnaculum Ecclesiæ,
Sainte Anne, refuge des pécheurs, / Sancta Anna, refugium peccatorum,
Sainte Anne, assistance des chrétiens, / Sancta Anna, auxilium christianorum,
Sainte Anne, délivrance des captifs, / Sancta Anna, liberatio captivorum,
Sainte Anne, consolation des personnes mariées, / Sancta Anna, solatium conjugatorum,
Sainte Anne, mère des veuves, / Sancta Anna, mater viduarum,
Sainte Anne, gouvernante des vierges, / Sancta Anna, matrona virginum,
Sainte Anne, port de salut des navigateurs, / Sancta Anna, portus salutis navigantium,

Priez pour nous. / *Ora pro nobis.*

15

Sancta Anna, via peregrinorum,	Sainte Anne, chemin des voyageurs,
Sancta Anna, medicina infirmorum,	Sainte Anne, santé des malades,
Sancta Anna, sanitas languentium,	Sainte Anne, guérison de ceux qui sont dans la langueur,
Sancta Anna, lumen cæcorum,	Sainte Anne, lumière des aveugles,
Sancta Anna, lingua mutorum,	Sainte Anne, langue des muets,
Sancta Anna, auris surdorum,	Sainte Anne, oreille des sourds,
Sancta Anna, consolatrix afflictorum,	Sainte Anne, consolatrice des affligés,
Sancta Anna, patrona Britonum,	Sainte Anne, patronne des Bretons,
Sancta Anna, auxiliatrix omnium ad te clamantium, intercede pro nobis.	Sainte Anne, aide de tous ceux qui ont recours à vous, intercédez pour n.

(*Ora pro nobis* / *Priez pour nous*)

℣. Dilexit Dominus sanctam Annam ;

℟. Et amator factus est formæ illius.

℣. Dieu a aimé sainte Anne ;

℟. Et il a chéri la beauté de ses vertus.

OREMUS.

Omnipotens, sempiterne Deus qui beatam Annam in genitricis Unigeniti tui matrem eligere dignatus es, concede propitius ut qui ejus commemorationem fideli devotione recolimus, ejus meritis æternæ vitæ suffragia consequamur, qui vivis et regnas Deus in secula seculorum. Amen.

ORAISON.

Dieu tout puissant et éternel, qui avez daigné choisir la bienheureuse Anne pour être Mère de la Mère de votre Fils unique, faites, s'il vous plaît, qu'honorant sa mémoire par une dévotion fidèle, nous parvenions par ses mérites à la vie éternelle, ô vous qui régnez dans les siècles des siècles. Ainsi soit-il.

PRIÈRE

POUR DEMANDER UNE GRACE SPÉCIALE PAR L'INTERCESSION DE SAINTE ANNE.

O glorieuse sainte Anne, pleine de bonté pour tous ceux qui vous invoquent, pleine de compassion pour tous ceux qui souffrent, me trouvant accablé d'inquiétudes et de peines, je me jette à vos pieds, vous suppliant humblement

de prendre sous votre conduite l'affaire qui m'occupe. Je vous la recommande instamment, et vous prie de la représenter à votre fille et notre mère, la très sainte Vierge, à la majesté divine de Jésus-Christ, pour m'obtenir une issue favorable. Ne cessez pas d'intercéder, je vous en conjure, que ma demande ne me soit accordée par la divine miséricorde. Obtenez-moi par-dessus tout, glorieuse Sainte, de voir un jour mon Dieu face à face, pour le louer, le bénir et l'aimer avec vous, avec Marie et avec tous les élus.
Ainsi soit-il.

PRIÈRE EN L'HONNEUR DE LA SAINTE VIERGE ET DE SAINTE ANNE.

Indulgence de cent jours accordée par Pie VII, le 10 janvier 1815, à tous les fidèles, chaque fois qu'avec dévotion et un cœur contrit ils réciteront la prière ci-dessous. — Sa Sainteté accorda à ceux qui, chaque mois, réciteront au moins dix fois cette prière, une indulgence plénière dans la fête de sainte Anne, pourvu que, véritablement contrits, et ayant fait la confession et la communion, ils visitent dévotement une église et y prient suivant l'intention du Souverain Pontife.

PRIÈRE.

Je vous salue, pleine de grâce ; le Seigneur est avec avec vous ; que votre grâce soit avec moi : vous êtes bénie entre toutes les femmes, et bénie soit sainte Anne, votre Mère, dont vous êtes née sans tache et sans péché, ô Vierge Marie ; de vous est né Jésus-Christ, le fils du Dieu vivant. Ainsi soit-il.

2

A la Scala-Sancta.

Les personnes qui graviront, à genoux, cet escalier saint, avec les dispositions requises, en priant ou en méditant sur la Passion de N. S , gagneront neuf années d'indulgence (pour chacune des marches). — On monte du côté du nord, et l'on descend de l'autre côté.

Une petite brochure, que l'on trouve à Sainte-Anne, contient des prières pour cette pieuse visite; nous nous contenterons ici de donner quelques invocations.

1re marche. — Jésus, qui avez prié au jardin des Olives, ayez pitié de nous. — Ave Maria...

2. Jésus, qui avez répandu une sueur de sang, ayez pitié de nous. — Ave Maria...

3. Jésus, qui avez reçu le baiser de Judas, ayez pitié de nous. — Ave Maria...

4. Jésus, qui avez été enchaîné par les Juifs, ayez pitié de nous. — Ave Maria...

5. Jésus, qui avez été conduit chez Anne, ayez pitié de nous — Ave Maria...

6. Jésus, qui avez reçu des crachats et des soufflets, ayez pitié de nous. — Ave Maria...

7. Jésus, qui avez été livré à Pilate, ayez pitié de nous. — Ave Maria...

8. Jésus, dont Pilate a reconnu l'innocence, ayez pitié de nous — Ave Maria...

9. Jésus, qui avez souffert les railleries d'Hérode, ayez pitié de nous — Ave Maria...

10. Jésus, qui avez été renvoyé à Pilate, ayez pitié de nous. — Ave Maria...

11. Jésus, qui avez été flagellé, ayez pitié de nous. — Ave Maria...

12. Jésus, qui avez été couronné d'épines, ayez pitié de nous. — Ave Maria...

13. Jésus, qui avez supporté les moqueries de vos bourreaux, ayez pitié de nous. — Ave Maria...

14. Jésus, qui avez été exposé aux regards de la foule, ayez pitié de nous. — Ave Maria...

15. Jésus, à qui fut préféré Barabbas, ayez pitié de nous. — Ave Maria...

16. Jésus, qui avez été condamné au supplice de la Croix, ayez pitié de nous. — Ave Maria...

17. Jésus, qui avez porté votre croix jusqu'au Calvaire, ayez pitié de nous. — Ave Maria...

18. Jésus, qui avez exhorté les saintes Femmes à pleurer sur elles-mêmes, ayez pitié de nous. — Ave Maria...

19. Jésus, à qui les Juifs donnèrent à boire du vin mêlé de myrrhe, ayez pitié de nous. — Ave Maria...

20. Jésus, dont les vêtements furent tirés au sort, ayez pitié de nous. Ave Maria...

21. Jésus, qui fûtes crucifié entre deux voleurs, ayez pitié de nous. — Ave Maria...

22. Jésus, qui disiez : Mon Père, pardonnez-leur, car ils ne savent ce qu'ils font, ayez pitié de nous. — Ave Maria...
23. Jésus, qui avez promis le Paradis au bon larron, ayez pitié de nous. — Ave Maria...
24. Jésus, à qui l'on présenta une éponge remplie de vinaigre, ayez pitié de nous. — Ave Maria...
25. Jésus, qui avez dit : Mon Père, je remets mon âme entre vos mains, ayez pitié de nous. — Ave Maria...
26. Jésus, dont le côté fut ouvert par une lance, ayez pitié de nous. — Ave Maria...
27. Jésus, dont le corps, détaché de la Croix, reposa dans les bras de Marie, ayez pitié de nous. — Ave Maria...
28. Jésus, qui fûtes enseveli dans le sépulcre, ayez pitié de nous. — Ave Maria...

Au haut du saint escalier, une colonne en marbre renferme une parcelle de la colonne de la flagellation de Notre-Seigneur. (40 jours d'indulgence aux pèlerins qui baisent cette relique avec dévotion et contrition.)

O doux Jésus qui avez pu dire, avec le Prophète : Ils ont compté tous mes os, ayez pitié de nous. — Ave Maria...

INDULGENCES
ACCORDÉES AUX PÈLERINS.

Une fois par année, indulgence plénière, le jour qu'il leur plaira de choisir, si, confessés et communiés, ils visitent dévotement l'église de sainte Anne et prient aux intentions du Souverain Pontife.

Indulgence plénière, le jour de la fête de sainte Anne, 26 juillet, et chacun des jours de l'octave.

Indulgence de la Portioncule, 2 août.

La Basilique de sainte Anne étant agrégée à celle de Lorette, on peut y gagner les mêmes indulgences plénières aux jours suivants : 25 mars, 8 septembre, 10 décembre (jour de la translation de la sainte maison à Lorette), et 25 décembre.

ARCHICONFRÉRIE DE SAINTE ANNE.
LE BUT DE L'ASSOCIATION EST :

1° D'étendre le culte de sainte Anne ;
2° De combattre l'impiété de notre époque ;

3° D'attirer la protection de sainte Anne sur l'Eglise et son Chef, sur la France et ses pasteurs, sur 'le clergé et les fidèles ;

4° De solliciter, par l'intercession de la Patronne de la Bretagne, la conservation de la foi et de l'esprit chrétien dans les familles ;

5° De remercier notre bonne Mère sainte Anne des grâces spirituelles et temporelles qu'elle a obtenues à ses enfants, et de lui en demander la continuation, maintenant et à l'heure de la mort

LES AVANTAGES DE L'ASSOCIATION SONT :

1° De gagner une indulgence plénière : le jour de l'admission ; — à l'article de la mort ; — le jour de la fête de sainte Anne ; — aux fêtes de saint Yves, de saint Louis, roi de France, — de la Translation des reliques de saint Vincent Ferrier, — de saint Michel, — de Noël, — de l'Immaculée-Conception, — de la Nativité de la sainte Vierge, — de saint Joachim, — et le quatrième dimanche de chaque mois.

2° D'avoir part : aux prières publiques récitées tous les jours, dans l'église du pèlerinage, à la fin de la première et de la dernière messe ; aux recommandations publiques faites, tous les dimanches et tous les jours de fête, dans l'église du pèlerinage ; aux litanies de sainte Anne chantées tous les dimanches, avant la bénédiction du Saint-Sacrement ; aux intentions de deux messes, qui sont célébrées solennellement, chaque année, au siège de l'Archiconfrérie, l'une, le jour de la fête de saint Joachim, pour les associés vivants, l'autre, le lendemain, pour les associés défunts ; — aux bonnes œuvres et aux prières des associés.

LES CONDITIONS D'ADMISSION SONT :

1° De se faire inscrire sur le registre de l'Archiconfrérie ;
2° De réciter, une fois par jour, aux intentions de

l'Archiconfrérie, un *Ave Maria*, suivi de l'invocation : *Sainte Anne, priez pour nous* ;

3° Les associés sont invités à porter la médaille de sainte Anne.

LES FÊTES DE L'ARCHICONFRÉRIE SONT :

1° La fête de saint Joachim, *fête principale* ;

2° Le 7 mars, jour anniversaire de la découverte de la statue miraculeuse de sainte Anne ;

3° La fête de saint Joseph, 19 mars ;

4° La fête de sainte Anne, 26 juillet ;

5° La fête de la Nativité de la sainte Vierge, 8 septembre ;

6° L'anniversaire du couronnement de sainte Anne, 30 septembre ;

7° La fête de l'Immaculée-Conception de la sainte Vierge, 3 décembre.

PETIT OFFICE
DE SAINTE ANNE

Ce *Petit Office* a été imprimé en France d'après l'exemplaire que Marie de Médicis reçut du Souverain Pontife.

A MATINES.

Inclyta stirps Jesse virgam produxit amœnam, de qua processit flos : stirps est Anna, Dei Genitrix est virga, flos est Jesus Christus.

℣. Domine, labia mea aperies : et os meum annuntiabit laudem tuam.

℟. Deus, in adjutorium meum intende : Domine, ad adjuvandum me festina.

Gloria Patri, et Filio, et Spiritui Sancto :

Sicut erat in principio, et nunc, et semper, et in sæcula sæculorum. Amen.

Alleluia, *ou* :

Laus tibi, Domine, Rex æternæ gloriæ.

HYMNUS.

Gaude, Mater Matris Christi,
Quæ per aurem applausisti
Dei patri nuntio.

Gaude, quia concepisti,
Sterilis quæ cum fuisti

L'illustre tige de Jessé a poussé un rameau gracieux, sur laquelle s'est épanouie une fleur: la tige est Anne, la Mère de Dieu est le rameau, la fleur est Jésus-Christ.

Seigneur, vous ouvrirez mes lèvres, et ma bouche annoncera vos louanges.

O Dieu, venez à mon aide : Seigneur, hâtez-vous de me secourir.

Gloire au Père, et au Fils, et au Saint-Esprit : comme c'était dès le commencement, et maintenant et toujours, et dans les siècles des siècles. Ainsi soit-il.

Alleluia ou :

Louange à vous, Seigneur, Roi de l'éternelle gloire.

HYMNE.

Réjouissez-vous, Mère de la Mère du Christ, qui avez accueilli avec complaisance le message de Dieu le Père.

Réjouissez-vous, parce que vous avez conçu, après avoir

vécu stérile auprès de Joachim votre époux.

Réjouissez-vous, parce que votre Fille, renfermée dans votre sein, fut exempte du péché originel.

Réjouissez-vous, parce que vous avez mis au monde une fille qui est comme un vase plein de vertus, de grâce et de chasteté.

Réjouissez-vous, parce que vous avez eu le bonheur d'allaiter celle qui sera l'étoile du monde et le tabernacle du souverain Roi.

Que par elle il nous soit donné à jamais de voir Dieu face à face dans les clartés de l'éternelle gloire.

Ainsi soit-il.

℣. Priez pour nous, bienheureuse Anne ;

℟. Afin que nous soyons délivrés de tous les maux.

Prions.

O Dieu qui avez daigné accorder à la bienheureuse Anne assez de grâces pour qu'elle méritât de porter dans son sein la bienheureuse Marie, votre Mère ; donnez-nous, par l'intercession de la Mère et de la Fille, l'abondance de votre miséricorde ; afin que, par les prières et les mérites de Celles dont la mémoire nous inspire une amoureuse piété, nous obtenions de parvenir à la céleste Jérusalem. Par le même Jésus-Christ, Notre-Seigneur. Ainsi soit-il.

Joachim conjugio.

Gaude, quia tua Nata
In te clausa, sit mundata
Parentelæ vitio.

Gaude, quia vas virtutis
Peperistique salutis
Castitatis filiam.

Gaude, quia stellam mundi
Atque cellam Regis summi
Lactasti cum gaudio.

Per quam luce vultus sui,
Nobis semper detur frui
In perenni gloria.

Amen.

℣. Ora pro nobis, beata Anna :

℟. Ut liberemur ab omnibus malis.

Oremus.

Deus, qui beatæ Annæ tantam gratiam donare dignatus es, ut beatam Mariam, Matrem tuam, in utero suo portare mereretur : da nobis, per intercessionem Matris et Filiæ, tuæ propitiationis abundantiam ; ut, quarum memoriam pio amplectimur amore, earum precibus et meritis ad celestem Jerusalem pervenire mereamur. Per eumdem Christum Dominum nostrum.

Amen.

A PRIME.

O Dieu, venez à mon secours, etc.

Gloire au Père, etc.

Deus, in adjutorium etc.

Gloria Patri, etc.

HYMNUS.

Anna, Jesse radix egregia,
Omni micans virtute prævia ;
De te Virgo processit regia :
Regi regum nos reconcilia.

℣. Anna, Mater Matris Christi,

℟. Spem auge, quam concepisti.

Oremus.

Deus, qui beatam Annam dilectæ Genitricis tuæ matrem egregiam ad cœlestis vitæ elevasti gaudia : concede propitius, ut ipsius intercessione ad æterna gaudia pervenire mereamur. Qui vivis et regnas in sæcula sæculorum.
Amen.

HYMNE.

Anne, glorieux rejeton de Jessé, l'éclat de toutes les vertus a rayonné sur vous dès l'âge le plus tendre ; de vous la Vierge est née pour être Reine ; réconciliez-nous avec le Roi des rois.

℣. Anne, Mère de la Mère du Christ ;

℟. Augmentez l'espérance qui nous est venue par vous.

Prions.

O Dieu qui avez élevé la bienheureuse Anne, mère excellente de votre Mère bien-aimée, aux joies de la vie des cieux, accordez-nous dans votre bonté de mériter de parvenir, par son intercession, aux éternelles joies. Vous qui vivez et régnez dans les siècles des siècles.
Ainsi soit-il.

A TIERCE.

Deus, in adjutorium etc.
Gloria Patri, etc.

O Dieu, venez à mon secours, etc.
Gloire au Père, etc.

HYMNUS.

Inclyta stirps Jesse virgam produxit,
De qua flos processit
Miro plenus odore :
Virgo Dei mater, flos ortus ab illa.

℣. Ora pro nobis, beata Anna.

℟. Nunc, et semper, et in mortis hora.

Oremus.

Deus, qui beatam Annam matrem tuæ Genetricis fieri

HYMNE.

L'illustre racine de Jessé a poussé une branche, sur laquelle une fleur s'est épanouie qui répand une admirable odeur : la Vierge Mère de Dieu, est la fleur sortie de cette branche.

℣. Priez pour nous, bienheureuse Anne ;

℟. Maintenant, et toujours, et à l'heure de la mort.

Prions.

O Dieu, qui avez voulu que la bienheureuse Anne devînt

la Mère de votre Mère, faites, nous vous en supplions, que, par les mérites de la mère et de la Fille, nous obtenions auprès de vous une place dans le royaume des cieux. Vous qui vivez et régnez, etc.

voluisti : præsta, quæsumus, ut apud te meritis utriusque, Matris et Filiæ, regna cœlestia consequamur. Qui vivis et regnas, etc.

A SEXTE.

O Dieu, venez à mon secours, etc.
Gloire au Père, etc.

Deus, in adjutorium meum etc.
Gloria Patri, etc.

HYMNE.

Mère de la Mère du Rédempteur, très glorieuse Anne, qui maintenant régnez avec les anges, couronnée de gloire, souvenez-vous de nous.
Faites, ô très sainte Anne, que nous puissions à jamais faire partie de votre famille.
℣. La céleste grâce a pénétré Anne ;
℟. De qui nous est née la miséricordieuse Marie.

HYMNUS.

Mater Matris Redemptoris, Anna nobilissima,
Quæ jam regnas cum Angelis coronata gloria,
Tu nostri memor esto.
Fac, o Anna sanctissima, Ut possimus perpetuo tua jungi familia.
℣. Cœleste beneficium introivit in Annam ;
℟. De qua nata est nobis pia Maria.

Prions.

Exaucez-nous, ô Dieu, notre salut, afin que, comme nous nous réjouissons du souvenir de la bienheureuse Anne, de même nous ressentions les effets de sa piété et de sa dévotion. Par le Christ Notre-Seigneur.
Ainsi soit-il.

Oremus.

Exaudi nos Deus salutaris noster ; ut sicut de beatæ Annæ commemoratione gaudemus, ita piæ devotionis erudiamur affectu. Per Christum Dominum nostrum. Amen.

A NONE.

O Dieu, venez à mon secours, etc.
Gloire au Père, etc.

Deus, in adjutorium etc.
Gloria Patri, etc.

HYMNE.

Anne, pieuse mère, je vous salue, vous dont le nom est si

HYMNUS.

Anna, pia mater, ave,
Cujus nomen est suave :

Anna sonans gratiam,
Preces nostras suscipe.
℣. Anna, felix Natæ partu ;

℟. Flos est Nata felix ortu.

Oremus.

Da quæsumus, omnipotens Deus, ut, qui beatæ Annæ matris Mariæ commemoratione lætamur ejus semper patrocinia sentiamus. Per Christum Dominum nostrum.
Amen.

doux : Anne, c'est-à-dire grâce, écoutez nos prières.
℣. Anne, heureuse de la Fille que vous avez mise au monde.

℟. Marie, votre fille, est heureuse d'une pareille origine.

Prions.

Accordez-nous, nous vous en supplions, ô Dieu tout-puissant, à nous qui nous réjouissons de faire mémoire de la bienheureuse Anne, mère de Marie, de ressentir toujours sa protection. Par le Christ, Notre-Seigneur.
Ainsi soit-il.

A VÊPRES.

Deus, in adjutorium etc.

Gloria Patri, etc.

HYMNUS.

Ave, Jesse radix floris,
Quæ cœlestis dat odoris
Perennem fragrantiam.
Ave, parens stellæ maris,
Quæ tu Matrem contemplaris
Regis regum Filii.

De turbine tempestatis
Nos attrahe cum beatis,
Et reduc nos exilio.

Tu quæ sola meruisti
Esse mater Matris Christi,
Preces nostras suscipe.
Tu nos matri atque proli,
Regi ac regiæ proli,
Commendare satage.
Amen.

Ant. Benedicta sit sancta Anna, quæ Mariam genuit, per quam nobis spes salutis æternæ apparuit.

O Dieu, venez à mon secours, etc.

Gloire au Père, etc.

HYMNE.

Je vous salue, racine de Jessé, dont la fleur odorante répand les éternels parfums du ciel.
Je vous salue, ô vous qui avez fait briller l'étoile de la mer, vous qui contemplez la Mère du Fils du Roi des rois.
Du sein des tourbillons orageux attirez-nous avec les bienheureux et conduisez-nous de l'exil dans la patrie.
Vous qui seule avez mérité d'être la mère de la mère du Christ, écoutez nos prières.
Empressez-vous de nous recommander à la Mère et à son Fils, au Roi et à la reine, votre fille. Ainsi soit-il.

Ant. Bénie soit sainte Anne, qui nous a donné Marie, par qui nous est apparue l'espérance du salut éternel.

℣. Anne, rendez-nous propice le Fils.
℟. Par l'entremise de sa Mère.

Prions.

O Dieu, qui avez daigné accorder à la bienheureuse Anne assez de grâces pour qu'elle méritât de porter dans son sein la bienheureuse Marie, votre Mère ; donnez-nous, par l'intercession de la Mère et de la Fille, l'abondance de votre propitiation ; afin que, par les prières et les mérites de Celles dont le souvenir nous inspire une amoureuse piété, nous obtenions de parvenir à la céleste Jérusalem. Par le même Christ Notre-Seigneur. Ainsi soit-il.

℣. Anna, redde propitium,
℟. Per Natam, natum Filium.

Oremus.

Deus, qui beatæ Annæ tantam gratiam donare dignatus es, ut beatam Mariam Matrem tuam in utero suo portare mereretur : da nobis, per intercessionem Matris et Filiæ, tuæ propitiationis abundantiam ; ut, quarum memoriam pio amplectimur amore, earum precibus et meritis ad cœlestem Jerusalem pervenire mereamur. Per eumdem Christum Dominum nostrum. Amen.

A COMPLIES

Convertissez-nous, ô Dieu, notre salut, et détournez de nous votre colère.
O Dieu, venez à mon secours, etc.
Gloire au Père, etc.

HYMNE.

Anne, mère de la Reine des cieux qui est une mère de miséricorde, la perle brillante de la céleste cour, nous vous vénérons par amour pour votre fille.
℣. Le Seigneur a chéri sainte Anne ;
℟. Il s'est épris de la beauté de son âme.

Prions.

O Dieu, qui avez daigné conférer à la bienheureuse Anne

Converte nos, Deus, salutaris noster, et averte iram tuam a nobis.
Deus, in adjutorium etc.
Gloria Patri, etc.

HYMNUS.

Anna, parens sublimis Dominæ,
Quæ est mater misericordiæ,
Gemma lucens cœlestis curiæ,
Te veneramur amore filiæ.

℣. Dilexit Dominus sanctam Annam ;
℟. Et amator factus est formæ illius.

Oremus.

Deus, qui beatæ Annæ tantam gratiam conferre dignatus

es, ut genitricis unigeniti Filii tui mater effici mereretur : concede propitius, ut cujus commemorationem celebramus, ejus apud te patrociniis adjuvemur. Per eumdem Christum Dominum nostrum. Amen.

assez de grâces pour qu'elle méritât de devenir la mère de la mère de votre Fils unique, accordez-nous, dans votre bonté, que celle dont nous honorons la mémoire, soit auprès de vous notre Patronne et notre secours. Par le même Christ Notre-Seigneur. Ainsi soit-il.

TABLE DES MATIÈRES

Lettre de N. S. Père le Pape Léon XIII a l'auteur. . . . 6
Lettre de Mgr l'Évêque de Vannes a l'auteur. 9
Préface. 11

PREMIÈRE PARTIE

LA STATUE

I. — Keranna. — Le village. Souvenirs. Un évêque du VIIe siècle. Les ruines. Le champ du Bocenno. Un héros breton. Sainte Anne d'Armor. 15

II. — Le bon Nicolazic. — Les instruments de Dieu. Un fermier de Keranna. Piété de Nicolazic. La bonne maîtresse. Attrait mystérieux. Portrait. 19

III. — Premiers prodiges. — Le flambeau mystérieux. Un soir d'été. La dame de la fontaine. Aujourd'hui. Conseils du P. Modeste. La dame reparaît. Clartés et concerts. 22

IV. — Sainte Anne. — La route d'Auray. Devant la croix. La dame parle à Nicolazic. Bruit d'une grande foule. Paroles de sainte Anne. Une date mémorable. 25

V. — Épreuves et consolations. — La faiblesse humaine. Ne craignez point, Nicolazic. Le recteur du Pluneret. Apparition. Pluie d'étoiles. Autres témoins. 29

VI. — Avant le grand jour. — Promesses de sainte Anne. Chez le recteur. M. de Kermadio. Nouvelle apparition. Un don du Ciel. Le vicaire de Pluneret. Les capucins. 33

VII. — Découverte de la statue. — Les ordres de sainte Anne. Les témoins. Le Bocenno. Le flambeau disparaît. La statue. Louis XIII et Richelieu. Coup de main de Soubise. 39

VIII. — Les premiers pèlerins. — A Pluneret. Le seigneur du Bocenno. Près de la statue. Incendie de la grange. Les pierres de la chapelle. Les pèlerins. Ce que fait le vicaire. 45

IX. — L'Évêque de Vannes — Sébastien de Rosmadec. Interrogatoire. Au château de Kerguéhennec. Autre interrogatoire. Les capucins de Vannes. Quinze jours après. La chapelle de Bethléem. 50

DEUXIÈME PARTIE

LA CHAPELLE.

I. — Le doigt de Dieu. — Prudence de l'évêque. La cabane de genêts. Réparties du P. Ambroise. Mort de Dom Thominec. Le recteur s'humilie. Divers châtiments. 57

II. — La première fête. — Le trésor de Nicolazic. Décret de l'évêque. La chapelle provisoire. Première procession de paroisse. Pose de la première pierre. L'évêque de Cornouailles. 63

III. — Les Carmes — Nicolazic architecte. Les premiers chapelains. Pourquoi l'évêque choisit les Carmes Contrat de fondation. La cabane des missionnaires. La chapelle. Le couvent. 71

IV. — La relique. — Les rois très chrétiens. Lettre d'Anne d'Autriche à l'évêque de Vannes. Naissance de Louis XIV. Histoire de la relique. La translation solennelle. 79

V. — Progrès de la dévotion. — Le vœu d'une reine. Bulle d'Urbain VIII. Erection de la confrérie Le livre d'or. Les grands jours Pèlerinage de Pont-l'Abbé L'incendie d'Auray. 86

VI. — Derniers jours de Nicolazic. — Désintéressement du laboureur. Dernière maladie. Une grande scène. Ce que voit le mourant. On lui présente la statue. Les funérailles. Un missionnaire. . . . 92

VII. — Les amis de sainte Anne. — Pierre Le Gouvello de Keriolet. Désordres. Le chemin de Damas. Les vœux du pénitent. Une Reine exilée. La duchesse d'Orléans. La grande Dauphine. Au XVIII° siècle. 97

VIII. — 1790-1803 — L'hospitalité des Carmes. Les *Amis de la Constitution*. Le 26 juillet 1792. Expulsion des Moines — Les Catacombes. — Le sermon du 7 Mai 1795. — Le fermier du couvent. — Ère nouvelle. 103

IX. — Mgr de Pancemont et Mgr de Bausset. — Le petit Séminaire. Pèlerinages de la duchesse d'Angoulême et de la duchesse de Berry. 112

TROISIÈME PARTIE.

LA BASILIQUE.

I. — La première pierre — Progrès de la dévotion. — Un désir de Nicolazic — Mgr Dubreil et Mgr Gazailhan Le concours. — L'Évêque de Vannes — Un prêtre quêteur. — Pose de la première pierre. 117

II. — Le Couronnement. — Reine de Bretagne. — Les couronnes. Soixante mille pèlerins. — Mgr l'abbé Freppel. — Pendant la tempête. — Le moment solennel. — La Fête du soir. — L'anniversaire. 121

III. — Jours d'épreuves. — La foi des braves. — Pèlerinages. — Consécration du diocèse à Ste Anne. — L'apparition de Pontmain. — Nos soldats. — Les marins de Vannes. – Le 8 décembre 1872. — Acte de foi. 129

IV. — La souscription. — Le quêteur. — Dans les paroisses. — Une pierre. — La poule de l'Arzonnaise. — Offrande d'un chasseur. — L'Ile d'Arz. — Aux halles de Lorient. — Par delà les mers. . . . 137

V. — Description de la Basilique. — Coup d'œil général. — Le Monument commémoratif. — Les autels. — Les marbres de l'emporium. — Les sculptures. — Peinture murale — Les verrières. — Les ex-voto 143

VI. — La Consécration. — La veille de la Fête. — Pendant la nuit. — Solennité du matin. — La procession solennelle. — La fête du soir. 153

VII. — L'abbé Guillouzo. — La préparation. — Zèle et désintéressement. — La mort. — Les funérailles. 157

VIII. — Les Pèlerins. — Les fêtes. — La Bretagne d'autrefois. — Les paroisses du Morbihan. — Dans les chaumières. — Un combat naval. — Les marins. — Le petit Mousse. — Pèlerinage des Arzonnais. 161

IX. — La Croix de Jérusalem. — Un précieux souvenir. — Avant la Fête. A la Scala-Sancta. — La procession aux flambeaux. — Pendant la nuit. — Enthousiasme. — Plantation de la Croix. — Les adieux. 174

QUATRIÈME PARTIE.

LES FAVEURS.

I. — François Talhouët. — Une guérison. — Comment on obtient une âme. — Une conversion. — Un enfant sauvé. — Lettre d'un naufragé. 185

APPENDICE.

I. — Autour de la Basilique. — Le trésor. — Relique, couronnes, objets précieux. — Du haut de la Tour. — La Statue — La Scala-Scala 199

II. — Les environs de Ste Anne. — Ker'oi-Tré-Aurav. — La Chartreuse et le champ des Martyrs. — Carnac. — Locmariaquer. — Vannes 205

PRIÈRES.

Litanies de Ste Anne. 216
Prières diverses. 218
Petit office de Ste Anne. 221

Vannes. — Imprimerie Eugène Lafolye, place des Lices.

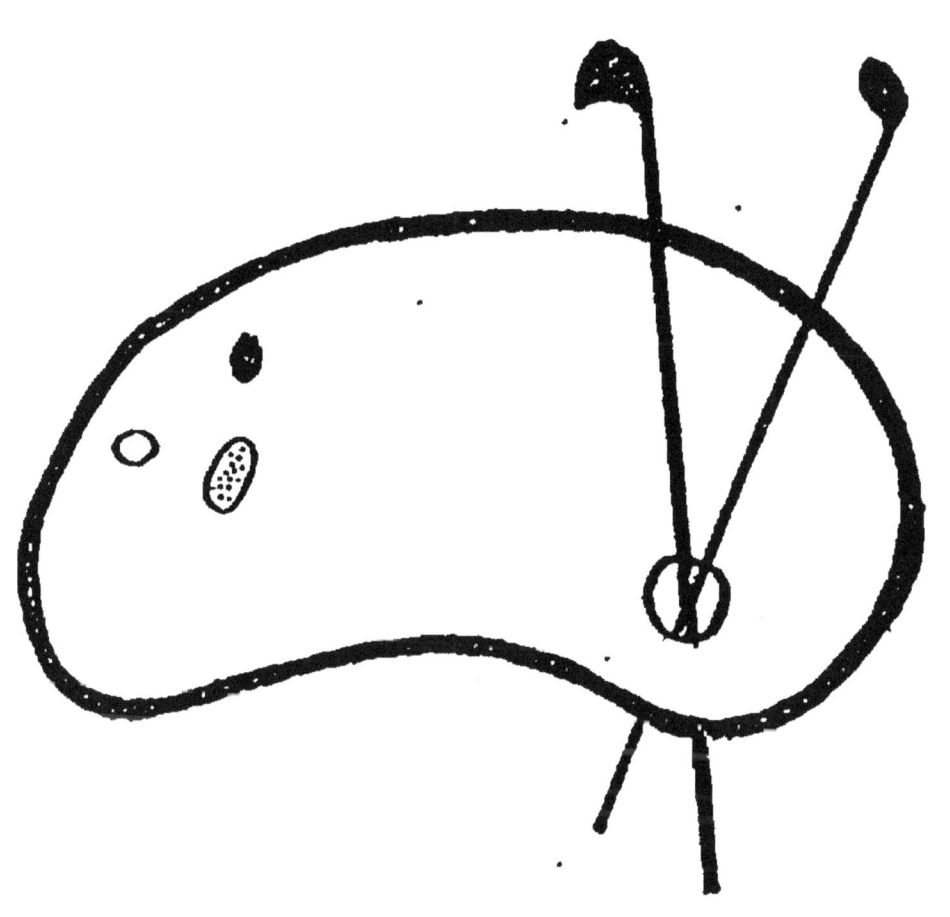

ORIGINAL EN COULEUR
NF Z 43-120-8

www.ingramcontent.com/pod-product-compliance
Lightning Source LLC
Chambersburg PA
CBHW071911160426
43198CB00011B/1265